阅读成就思想……

Read to Achieve

心理成长系列

工作动机心理学

［美］托德·亨利（Todd Henry）／著 贾汇源／译

THE MOTIVATION CODE

Discover the Hidden Forces
That Drive Your Best Work

中国人民大学出版社
· 北京 ·

图书在版编目（CIP）数据

工作动机心理学 /（美）托德·亨利（Todd Henry）著；贾汇源译. -- 北京：中国人民大学出版社，2024.8. -- ISBN 978-7-300-33013-6
Ⅰ．C913.2
中国国家版本馆CIP数据核字第202419ZB56号

工作动机心理学

[美] 托德·亨利（Todd Henry） 著
贾汇源 译

GONGZUO DONGJI XINLIXUE

出版发行	中国人民大学出版社		
社　　址	北京中关村大街 31 号	邮政编码	100080
电　　话	010-62511242（总编室）	010-62511770（质管部）	
	010-82501766（邮购部）	010-62514148（门市部）	
	010-62515195（发行公司）	010-62515275（盗版举报）	
网　　址	http://www.crup.com.cn		
经　　销	新华书店		
印　　刷	天津中印联印务有限公司		
开　　本	890 mm×1240 mm　1/32	版　次	2024 年 8 月第 1 版
印　　张	7.875　插页 1	印　次	2024 年 8 月第 1 次印刷
字　　数	174 000	定　价	69.90 元

版权所有　　侵权必究　　印装差错　　负责调换

推荐序

陆静怡
华东师范大学心理与认知科学学院

我曾经做过一个研究,探讨面对他人提出的请求,当心有余而力不足甚至不愿提供帮助时,人们为什么依旧很难将"不"说出口。结果显示,即使同为"拒绝在心口难开"的人,不同研究参与者给出的理由五花八门——"我生怕伤害对方""我不想让他难堪""我害怕拒绝他后他会给我穿小鞋"……可见,同一行为背后的驱动力各不相同。

大学课堂上,我接触过形形色色的学生。有些学生精益求精,完成论文时字斟句酌,力求把每个细节做到完美,对待生活亦如此,总是努力做到最好,他们想要购买最好的住房、从事最佳工作、寻找最优伴侣,就连买瓶矿泉水都要挑最好的;有些学生则遵循"满意即止"原则,坚信能令自己满意的结果就是好结果,即便它不是世人眼中的最优选项;而有些学生得过且过,草草完成作业,马虎对待生活,但求完成不求满意;有些学生一接到任务,立即全情投入,高效利用坐在电脑前的每一分钟,绝不会为手机等外界诱惑所动,为完成任务甚至可以废寝忘食;而有些学生则拖拖拉拉,今日待明日,明日待后日,等到"大限"来临前的最后一天,好不容易决定打开电脑完成任务,却不自觉地点开网页,把平日感兴趣的、不感兴趣的内容浏览个遍，几小时过后仍没着手做该做的任务。

　　不仅我的研究对象各不相同、学生各有特色，就连我自己面对不同事情时，也会展现出不一样的自我。我自认为拥有强大的行动力，拖延症与我没有半点关系，做绝大多数事情时，我的确能高效完成，但是也有例外。这些年，毕业的学生越来越多，办公室的书柜显得越来越小，愈发容纳不下学生的智慧结晶——学位论文。于是，我计划换个大书柜。然而，萌生此念头至今已三年有余，我那小小的书柜依旧屹立不倒，而学生的论文则被堆在一旁的地上，高度与日俱增。

　　人与人之间的差异为何如此之大？甚至同一个人面对不同事情时，为何表现出截然相反的行为模式呢？究其原因，动机一定脱不了干系。动机好比发动机，是一切行为的驱动力，它决定你会为自己设定怎样的目标、为事情投入多少精力与时间，甚至还会直接影响你的表现。为什么有些事情做起来得心应手，有些事情则让人犯愁？除了能力，你做这件事的动机也是重要的幕后推手。理解自己的动机，能帮助你更好地认识自己；而理解团队成员各自的动机，管理者才能为团队留住人才、发掘人才，提升团队凝聚力。

　　本书作者富有创意地提出 27 种动机，它们组成了一个人的动机密码。掌握动机密码会让你受益良多，会让你变得更努力、更投入、更游刃有余地应对一切。你可能带着好奇翻开此书，合上它时愿你已成功破解动机密码。

前言
激发你工作热情的从来都不是薪水，而是你的动机

有一天，我突然收到了来自我的朋友罗德·彭纳（Rod Penner）的邮件。他曾就职于一家世界知名管理咨询公司长达20年之久。几年前他离开了这家公司，但是我一直不知道他之后在做什么工作。

这次他联系我是想让我参加他开发的动机评估测验。原来这就是他现在正在做的项目。

作为一个专注于合作和创新的企业培训领域研究者，我不太想再给自己贴上一个新标签（例如，我是INTP型人格）。不过，在罗德的反复劝说下，我还是决定试一试。

第二天，我很轻松地完成了罗德和他的团队开发的动机密码（MCODE）评估测验，点击确认后，就开始等待罗德的回应。他表示会和我一起分析我的评估结果，让我可以更好地了解他这几年的工作成果。过了一段时间，我收到了我的评估结果报告邮件，罗德也和我约好了讨论的时间。

后来发生的事情却在我的预料之外。罗德分析了每一个我做过的人生重要决定背后的原因，还指出了我正努力在哪些领域超越自己，以及我的个人和职业生涯中的重要成就之间的共同点。他给我提供了一个模型，让我对自己有了更深刻的了解。例如，为什么有些任务能够激励我的斗志，而有些任务对我来说却只是无聊的苦差事；为什么

我有时会做出一些疯狂的决定；以及为什么我能成为一位成功的领导，却不一定能胜任某些角色。他的这些结论竟让我无话可说。我感觉罗德仿佛窥探了我的大脑，揭示了我做决策过程中的所有秘密。

我被震撼到了。

罗德指出了我的动机密码，告诉我在工作和生活中激励我前进的因素是什么。他也指出了我的动机的弊端，认为这些弊端就是我在很多事情上半途而废或者无功而返的根源。

终于，我意识到罗德和他的团队开发了一个非常有意义的新框架。这个框架能够指引人们在工作中更加努力。他们解锁了一些原始而深刻的概念，一旦掌握了这些概念，人们就可以从根本上改变每天的工作方式。

后来我了解到，这项工作是由罗德与心理学家托德·霍尔（Todd Hall）博士、叙事型教练（narrative-based coach）乔舒亚·米勒（Joshua Miller）博士以及整个研究团队共同完成的。他们关于"动机"的研究结论来自数十年的定性研究。他们还进行了10万次以上的访谈——覆盖了各行各业的人群（包括高级管理人员、销售人员、教师、艺术家等），访谈主要围绕最让他们难以忘怀的成就而进行。事实上，这项工作可以追溯到20世纪60年代初SIMA®的公司创始人阿瑟·米勒（Arthur Miller）的研究。数十年来，米勒和他的同事始终致力于探索动机与投入之间的关系和模式。在此基础上，罗德和他的团队（包括阿瑟·米勒的孙子乔舒亚）进一步开发了以故事驱动的评估模式，采用心理测量方法来确定动机类型。他们的核心结论是：只要我们找到自己所有成就中的共同之处，就能解开驱动我们行为和影响我们生活满意度与工作成就的独特"密码"。

关注动机的实践是一项前沿性的研究。它将传统意义上人们对动机是如何驱动人的行为和投入的理解提升到了一个新的高度。动机密码的概念和近年来一些前沿的心理学家与研究人员的观点不谋而合，认为动机的传统分类方式——"内在"（intrinsic）动机和"外在"（extrinsic）动机并不是完全独立的，相反两种动机可能是互相作用、互相影响的。动机密码能够捕捉到每个人在实现一个特定目标时采用了哪种独特且具体的方式。你会发现，动机密码会对你产生诸多积极影响，它会让你变得更投入、更努力、更团结。

在接下来的章节中，对于"什么是你的内在驱动力"的问题，你将会找到一个简洁而有效的答案。认真跟着本书的步骤去做，你会更深刻地理解自己的行为和决策背后的原因，也会找到提升生活和工作满意度的有效途径。

本书还将改变你看待团队成员的方式，教会你如何组织和领导他们完成自己的工作。正如我稍后将分享的内容中会提到的，敬业的团队是更高效、更具协作精神的，也是在困难时期更团结的。一旦你洞悉了团队成员的动机密码，就可以了解是什么因素在驱动他们获得成功，从而因人而异地指导他们。不仅如此，动机密码还能帮助你更好地留住优秀的人才，因为你深谙他们的动机，了解他们最有可能在哪些角色和团队环境中保持旺盛的状态。此外，如果你能够直接指出他们独特的动机，你将会获得他们的青睐和信任。

简而言之，本书会激发你和团队的动力，提升你们的效率，帮助你们走向成功。

最后，请注意本书中的人称代词，"我"是指我自己——托德·亨利，"我们"是指包括我在内的所有作者。

更多参考资料

我们团队开发了一系列参考资料,供你更深入地了解动机密码,也为动机密码在组织中的实践提供辅助帮助。

你可以在 TheMotivationCode.com 下载相关资料。

个人测评

除了本书中提供的免费动机测评方式,你还能在我们网站上找到更多测评服务,包括完整的动机测评及配套练习、全部动机的排序、相关音频资料等。这些信息将帮助你更全面地激活自己的动机密码。

同时,你还可以联系我们的动机密码教练,以获得更多辅导和支持。

组织测评

我们提供有关动机密码的工作坊、演讲和软件平台,帮助管理者关注员工的动机和工作状态。我们也可以为你的团队提供全方位的动机测评服务,并激活所有组织成员的动机密码。

加入我们

如果你想成为一名有执照的动机密码教练,为你的团队成员和客户提供专业的动机密码培训,你可以查阅我们的培训项目和更多学习资料。

更多资料请见 TheMotivationCode.com。

目录

第一部分
工作的意义到底是什么

第 1 章　你对待工作的态度取决于你的内在动机　003
　　为什么有的人一门心思想晋升，有的人却只想职场摸鱼　007
　　关于工作，这也许是最好的答案　009
　　为什么你一觉得工作无趣就想辞职　009
　　为什么大多数激励都是无效的　010
　　如何激励员工才有效　011
　　解锁最好的自己，找到工作的最佳状态　013
　　本书的阅读建议　015

第 2 章　27 种动机类型，精准解读你的内驱力　019
　　每个人的动机密码都是独特的　021
　　测一测能让你找到工作满足感的工作动机是什么　023

第二部分
找到你工作背后的专属动机

第 3 章　坚守梦想、努力向上的梦想家　033
　　受梦想家型动机驱使的人主要围绕着可能性展开。即使不被理解和认可，也要朝着自己的梦想努力。过程和逻辑不重要，重要的是全局和影响力。

　　实现潜能型：相信人生充满了各种可能性　035
　　改变世界型：用自己的成就影响周围的世界　040

追逐梦想型：渴望追求有价值的事情　　　　　　　046

写给具有梦想家型动机的人的忠告　　　　　　　052

第 4 章　不断追求挑战、绝不让自己和他人失望的实现者　055

受实现者型动机驱使的人很少半途而废。他们会督促团队不断向前，再艰难也要坚持下去。如果没有挑战，就会主动寻求挑战。

追求挑战型：不惜一切代价证明自己的胜任力　　058

克服困难型：渴望战胜困难、劣势和反对意见　　065

实现目标型：始终关注保持条理、列出清单和完成任务　072

一往无前型：相信不断变化才能建设一个更美好、更有

希望的世界　　　　　　　　　　　　　　　　　078

写给具有实现者型动机的人的忠告　　　　　　　084

第 5 章　享受与人交往、凝聚团队力量的"黏合剂"　087

受团队成员型动机驱使的人天生喜欢与人打交道，乐于为别人服务，甘愿衬托队友的光芒。不需要过分的关注，也毫不吝啬对别人的赞美。

团结协作型：渴望团结一致，为实现宏伟目标努力奋斗　090

融入组织型：努力加入心仪组织，是团队中最忠诚的队员　096

服务他人型：迫切想要了解和满足他人的需求、要求和

期望　　　　　　　　　　　　　　　　　　　101

制造影响型：渴望通过自己的影响力，改变他人的思想、

感受和行为　　　　　　　　　　　　　　　　108

写给具有团队成员型动机的人的忠告　　　　　　113

第 6 章　探索未知、做事精益求精的学习者　115

受学者型动机驱使的人对探索和学习新知识充满渴望，希望自己能够掌握甚至精通新知识，并且展示自己的才能。

领悟和交流型：渴望研究、思考、开拓和探索　　117

精益求精型：总是试图达到最好，能够持续提升自己的
　　技能　124

　　获取新知型：喜欢不断进入新的领域、学习新的技能并
　　进行展示　131

　　探索未知型：只要走出舒适圈，他们就会感觉很快乐　136

　　写给具有学者型动机的人的忠告　141

第 7 章　让团队始终保持高效率运作的优化者　143

受优化者型动机驱使的人会让团队可以保持最高效率的运作，并确保万无一失。他们喜欢挑战别人眼中的"难题"，追求是非分明，不解决问题决不罢休。

　　组织协调型：善于在混乱中建立秩序、给问题找到最优解　146

　　捍卫标准型：即使有风险，也一定会坚持自己内心的正义
　　和公平　151

　　优化提升型：完美主义者，对眼前的成功从来不感到满意　157

　　解决问题型：善于找到问题核心，着迷于如何让事物正常
　　运转　163

　　推动发展型：喜欢全程参与，能把自己的新计划坚持到底　169

　　建立根基型：知道如何从一开始就把事情做好　175

　　写给具有优化者型动机的人的忠告　179

第 8 章　聚光灯下最耀眼的灵魂人物　181

受灵魂人物型动机驱动的人往往渴望站在舞台中央，成为关注的焦点，他们往往才华横溢，又具有独特的思维方式，善于通过自己的分析和规划推动事情顺利向前，最终创造非凡的成果。

　　引人注目型：渴望吸引他人的注意，获得外界的关注　184

　　掌控全局型：人想要掌控自己的命运和周围的一切　189

　　与众不同型：追求独特，对"独一无二"有着迫切的渴望　194

核心角色型：值得信赖，渴望成为影响组织成败的关键
人物　　　　　　　　　　　　　　　　　　　　　198

渴望拥有更多型：组织目标的推动者，专注于扩大自己
的影响力　　　　　　　　　　　　　　　　　　203

追求卓越型：通过挑战他人提升自身水平，致力于把组
织推向新高　　　　　　　　　　　　　　　　　207

写给具有灵魂人物型动机的人的忠告　　　　　　212

第三部分
动机如何影响我们的工作与生活

第 9 章　遵从自己的动机，找到工作的满足感与幸福感　217

为什么你做某些事时更有动力　　　　　　　　　220

你如何才能做出与你动机一致的选择　　　　　　221

真正激励你的事不一定是你喜欢做到，而是结果对你更
重要　　　　　　　　　　　　　　　　　　　　222

善用动机密码，学会向上管理　　　　　　　　　224

点燃工作热情的"清洁燃料"和"脏燃料"　　　226

附录　　动机密码背后的科学　　　　　　　　　　　　229

动机能力识别系统（SIMA®）：动机密码的坚实基础　230

动机密码在当代心理学中的理论基础　　　　　　231

动机密码的开发　　　　　　　　　　　　　　　232

动机密码：初始版本　　　　　　　　　　　　　233

动机密码：当前版本　　　　　　　　　　　　　233

信　度　　　　　　　　　　　　　　　　　　　234

效　度　　　　　　　　　　　　　　　　　　　236

结　论　　　　　　　　　　　　　　　　　　　238

第一部分
工作的意义到底是什么

第 1 章

你对待工作的态度
取决于你的内在动机

弗兰克是一家大型公共机构的工程师。在上一个部门工作时，他的表现很不错。在那里，他开展了大量的研究，完成了许多技术类工作，帮助组织解决了很多难题。最近，他被调到一个新的部门。在新的岗位上，他的主业不再是技术类工作和科学研究，老板希望他更多地参与项目管理。

然而，这个新角色让弗兰克备受煎熬。他害怕与外部供应商谈判，也不喜欢处理合同和表格里的细节与规定。他总是试图逃避一些工作任务，结果工作拖沓，不得不加班赶进度。总体来说，他的工作表现相当不尽如人意。

弗兰克想不明白他为什么在新部门表现不好。按理说，他非常适合这份工作，因为他拥有胜任这项工作所需的所有专业技能。他沉浸在自己的沮丧和挫败中，却忽视了问题的关键，这些关键要素在你的生活中也同样重要。

回忆一下那些让你难忘的经历：或许是耗时几个月终于签下了一位重要客户；或许是击中了一个让球队获得联赛冠军的制胜球；又或许是帮助朋友渡过了难关。

我们都有值得庆贺的成就。但是，你有没有想过为什么那些成就对你来说意义非凡？谈妥一个客户意味着你战胜了外部的挑战，在新的销售领域站稳了脚跟，也给其他的组织创造了商机；在球赛中击中制胜球让你成为本场球赛获胜的关键贡献者，让那些质疑你的人对你刮目相看，还能向大家证明你精湛的球技；帮助朋友渡过难关，能够让你感受到"赠人玫瑰，手有余香"的快乐。

像弗兰克一样，我们经常会忽视那些隐藏在成就背后的行为规律和情感模式，我们不愿花时间去体会它们的深层次内涵。我们手头有那么多事情要做，谁有时间回头看呢？然而，关注这些深层次的行为规律和情感模式，会让我们发现什么模式最能吸引我们，什么模式最能带来真正的满足感，又是什么模式最能促使我们投入工作、热爱生活、实现完美人生。

最终，弗兰克决定改变。他接受了一位教练的指导，教练帮助他发现了他的动机密码。通过动机密码评估，弗兰克发现他最主要的三大动机分别是：

- 引人注目；
- 获取新知；
- 实现潜能。

同样重要的是，他的动机列表中排在最后的两种动机是：

- 实现目标；
- 组织协调。

获取新知型动机使弗兰克热爱科学研究，乐于将自己的技术专长传授给他人；而他的实现潜能型动机则促使他努力找出每个问题的最佳解决方案。因此，在之前的工作岗位上，他浑身充满干劲儿，绩效表现卓越。在公司，弗兰克是一位德才兼备的优秀员工。当同事遇到复杂的工程问题时，他会主动伸出援手，帮助他们顺利渡过难关。但当组织需要他完成目标和管理团队的任务时，这些工作是他的动机列表最末尾的事情，让他丝毫提不起兴趣。所以，我们就很容易理解为什么新的工作岗位会让他心力交瘁了。

在和教练讨论过自己的动机密码之后，弗兰克恍然大悟。他终于给那些在生活中反复困扰他的问题找到了答案。动机密码让他理解了为什么有些任务让他精神抖擞,而有些任务让他备受煎熬。在明确了自己的行为规律和情感模式之后,弗兰克与他的经理进行了一次诚恳的谈话,讨论了他的工作量问题。于是,他一边充分发挥自己的专长,一边请更专业的人来打理那些他不擅长的工作。最终,他和整个组织都以更高效、更投入的状态坚定地朝着目标迈进。

为什么有的人一门心思想晋升,有的人却只想职场摸鱼

我们大多数人都像弗兰克一样,从未回头审视过自己成功背后的原因。我们常常会忽略生活中深层次的意义和动机,迫不及待地迎接下一个挑战。

你可能会认为成功的原因是有目共睹的。然而,实际上很多生活中的问题并非显而易见,甚至我们也不一定真的了解自己。这是因为人类非常善于编造故事。我们的内心深处对心理/生理的自我保护有着强烈的需求,这种需求影响着我们解释自己经历的方式。因此,许多我们记忆中的故事都与现实不符,这是为了保护我们的自尊心,或是将自己塑造成更理想的形象。换句话说,为了维持内心的安全感,我们的记忆被美化了。

19世纪的精神分析学家欧内斯特·琼斯(Ernest Jones)率先提出了"合理化"(rationalization)的概念。他认为,人类会对自己不合理的行为进行事后解释。欧内斯特说:"没有人会承认自己的不合理行为是故意的。一旦不合理行为出现,人们会立刻想方设法找借口

证明自己行为的合理化。"由于"合理化"的存在，如果没有某种外部的反馈机制来指出我们主要的行为规律，我们就很难客观地解读自己做决策的真实原因，也无法看清是什么因素在激励我们，又是什么因素在阻碍我们前行。

实际上，决策背后的原因和欲望是非常复杂的。例如，有三个人都想要获得晋升的机会，他们为了同一个职位竞争。在第一个人的内心深处，追求升职可能是因为新角色会带来更大的挑战，他将能承担一些新的、有难度的工作；第二个人可能是为了加入更好的团队而渴望晋升；第三个人可能认为晋升是一个让自己在组织中获得"决策权"的机会，只有如此，他才能推动组织变革，改变那些他多年来一直反对的制度或流程。

这三个人都在追求同一个角色，他们背后的原因却截然不同。然而，如果你在几年后再问他们当初为什么选择升职，他们告诉你的原因大概就变成了某个促成他们做决定的外部因素。例如，他们可能会说"我接受这份工作是为了更好地养家糊口"，或者"我需要做出改变，而晋升似乎是一个很好的机会"，又或者"我想留在这个城市，这样我的孩子就不用转学了"。为了解释他们这样做的原因，他们会根据自己的选择所带来的实际利益而进行事后的合理化。也就是说，他们编造了一个全新的故事。

虽然像加薪、工作性质变更、工作地点便利等这些外部因素能更准确地描述他们晋升的动机，但是这些因素并不是他们的全部动机。要真正理解决策背后的原因，我们还需要了解这些外部因素是如何与我们独特的内在驱动力相互作用的。

关于工作，这也许是最好的答案

每个人都有自己独特的动机组合。这个动机组合能驾驭我们的行为、影响我们的投入。动机组合就是你的动机密码，这些动机密码可以帮助你更了解自己。为什么你愿意花时间去做别人不想做的事情？为什么你更看重团队合作或者更喜欢独立工作？为什么你总是迫切地渴望得到别人的认可？为什么你觉得只要你对自己的工作满意，能否得到表扬无关紧要？为什么你一次又一次地犯同样的错误？为什么你总是感觉自己与同事、经理或配偶观点不同？这些问题，动机密码会给你答案。

为什么你一觉得工作无趣就想辞职

动机密码是一种行为的内在驱动力。它具有独特性、普遍性和稳定性的特征。它会引导一个人表现出独特的行为规律。

独特性。动机密码是自我的一部分。虽然动机通常被描述为"内在动机"（或称内部动机、个人动机）或者"外在动机"（或称外部动机、奖赏动机），但这两种动机并不完全相互独立。相反，它们相互作用，创造了一个驱动行为与情感的复杂模式。动机密码包含了这些内在和外在的因素。

普遍性。在我们的成功和失败中，都有动机密码的存在。无论是有挑战性的任务，还是简单的任务，都会受到动机密码的影响。动机密码不会因为你做什么事情而改变。事实上，你的工作和生活都会受到动机密码的影响。

稳定性。动机密码会在很长一段时间内保持不变。那些在五年前激励过你的因素，很可能在今天依然影响你在重大决策中的选择。

为什么大多数激励都是无效的

动机密码与勤奋或懒惰无关。当我们说某人没有动力时，通常会认为"那个人很懒"，但这种说法并不准确。我们都有懒惰或者无心工作的时候，但是这可能是因为有些事与我们的动机密码不符，从而导致我们觉得它索然无味，提不起兴趣。

例如，有些人喜欢利用夜晚和周末的时间写小说，还热衷于组织慈善活动，甚至每年都自愿组织公司的员工活动。但是一想到要参加企业的季度战略会议，他们就打起了退堂鼓。逃避会议并不是因为他们懒惰或者不愿意，只是相比之下，某些工作更容易消磨他们的精力，让他们感到疲惫。

动机密码不等于"享受工作"。为了实现目标，大多数人不得不做一些自己不喜欢的事情。然而，如果有动机密码的驱动，即使是不喜欢的事情，他们也能从中获得意义感和满足感。

例如，许多人可能都不喜欢档案整理员这类工作。然而，对于那些有组织协调型动机的人来说，把文件排序归档，并且寻找新的整理方式是一项非常让人享受的工作。也有一些人具有追求挑战型动机，他们希望挑战越大越好。翻阅和整理大量文件的过程，会让他们产生不断挑战自己的快感。虽然很多人都觉得档案整理是一份好工作，但他们的感受却截然不同。一旦找到了适合自己的动机，即使是这份看似枯燥的工作，也会激发他们的热情。

动机密码不等于"完美的工作"。 在职业生涯中，很多人会有跳槽的经历，主要是为了选择最能满足自己需求的结果。但事实上，追求"完美的工作"是一件不太明智的事情，所有的工作都有令人厌烦的因素。如果你只要在工作中感到无趣就想要离职，那你可能永远无法熟练掌握工作所需的专业知识。

动机密码可以帮助你明确哪些环境有利于你的成长，而哪些环境可能会带来不必要的心理消耗。就像上面故事中的弗兰克一样，动机密码让他明确了自己的新角色，也让他和经理进行了一次有意义的沟通。

如何激励员工才有效

根据盖洛普 2017 年《美国工作场所状况》(*State of the American Workplace*)报告显示，只有三分之一的员工会全身心投入工作，而三分之二的员工都处于消极怠工的状态。另一组数据也表明，对于"绩效管理能够激励员工，让员工表现得更出色"的说法，只有 21% 的员工表示非常赞同。这就是说，只有约五分之一的员工觉得管理者真正了解他们的动机，并且在尝试激发他们的动力。这么看来，企业在管理中做了很多无用功。

企业不仅需要更多员工投入工作，更需要长期保持良好的运营状态。这份报告还显示，员工的工作投入与组织的经济效益之间有着直接的联系。据估计，消极怠工的员工每年会给企业造成 4830 亿～6050 亿美元的损失。除此之外，消极怠工型员工的跳槽率几乎是工作投入型员工的两倍。高离职率意味着组织需要在招聘中耗费更多的成本，也会增加培训和开发员工的时间，甚至影响整个团队的氛围。消极怠工还会对组织的底层员工产生滴漏效应[①]。这并不是因为员工不知道该做什么，或者没有能力去做，而是因为他们缺乏动机，感受不到激励他们投入工作的因素。

数十年来，企业的管理者们都试图努力解译激励员工的动机密码。因为，员工的工作投入是企业获得成功的关键因素。为了提高团队的效率，管理者们做出了很多尝试，也获得了不同程度的成功。

奖赏措施

加薪、提供福利、带薪休假、奖金是企业奖励优秀员工的惯用手段。一般来说，这些方法是行之有效的。因为每个人都需要支付账单和照顾家庭。然而，补偿措施可以在短期内成为你工作的驱动力，但并不意味着你真正想做这份工作。人们只是为了得到奖励而完成任务。这种薪酬激励体系的结果是，员工会尽最小的努力去换取最大的奖励。

奖赏措施不仅不能满足每一个人独特的动机需求，还会影响个人的长期动机。1971年，"自我决定理论"的创始人之一、罗切斯特大学心理学教授罗切斯特·爱德华·L.德西（Rochester Edward L. Deci）进行了一项研究，他想要探讨以金钱形式为代表的外部奖励是否会影响个体的内在动机。研究结果发现：（1）当金钱被用作外部奖励时，个体的内在动机会降低；（2）当使用言语强化和积极反馈时，个体的内在动机会提升。尤其是当参与者在执行一项令人愉快的任务时，他们体验到了高水平的内在动机。此时，上述研究结论就尤为

[①] 资源都积累在高层，无法流向底层。——译者注

显著。

这项研究表明，一旦外部奖励占主导，这些外部奖励就必须持续下去，这样才能不断激励个体的行为。如果外部奖励消失，那么个体也不会再拥有原有的内在动机了。

鼓励和表扬

言语强化、鼓励和积极反馈，这些也是外在的激励因素吗？根据德西的研究，表扬也有助于提升个体的内在动机，但这种效应只在短期内存在。因为如果想要保持个体的绩效，就需要不断地给他积极的反馈和鼓励。因此，鼓励和表扬可能不是解决长期激励效果的最佳方案。

工作灵活性和特殊待遇

许多组织试图通过提高工作灵活性，比如给员工提供远程工作的机会或者赋予员工更有声望的头衔来激励员工。一些企业正在向远程工作计划过渡，这既是一种节约成本的措施，也能使员工更好地平衡工作与生活。就像补偿措施和表扬一样，这种形式的激励在一定程度上是有效的，但工作灵活性并不能起到长期激励的作用。事实上，对于那些想要积极与他人合作的人，或者那些从组织团队合作中获得动力的人来说，工作灵活性实际上可能会降低他们的工作动力。

上述几种方法在长期激励方面都是收效甚微的，因为它们不是为迎合个体的动机密码而设计的。

解锁最好的自己，找到工作的最佳状态

想象你眼前有一排被上锁的柜子，这些柜子中有非常值钱的物品。你可以用锤子把挂锁砸开，或者干脆直接把柜子拆开，但是这样做会搞得一片狼藉。虽然这些暴力手段能让你打开每个柜子，但这肯定不是最有效的方式。因为你可能会在这个过程中破坏柜子和里面的东西，甚至伤到自己。另外，为了砸开这些柜子，你可能会累得精疲力竭。

许多管理者因为无计可施，就会采用诸如"暴力"或"一刀切"的方法来激励他们的团队。据我所知，管理者们会采用诸如提供薪酬、津贴、头衔和晋升之类的激励手段，也可能会采用一些有害的恐吓行为，例如使用严厉的言辞、威胁和喋喋不休地批评等。这些暴力方法就像用蛮力打开柜子一样，害人害己。在很大程度上，简单粗暴的激励策略并没有什么效果，因为它们不能真正调动每个人的积极性。此外，正如德西在他的研究中所证明的那样，虽然这些方法一开始可能是有效的，但随着时间的推移，这些简单粗暴的激励策略就会失去意义。

现在，你获得了动机密码的组合列表，用正确的密码来解锁不是更容易吗？事实如此。找到密码不仅能够迅速解锁，还不会对锁造成损害。同样地，了解每个团队成员独特的动机密码是调动其积极性的关键，能够极大地提升团队乃至组织的活力。了解团队成员的动机密码会带来哪些好处呢？

留住人才

了解团队成员的动机不仅有助于营造积极进取的工作文化，还有利于提升企业的经济效益。缺乏动机的员工会在短期内勉强服从组织的命令，而后就会另谋高就。同时，管理者无须在招聘和培训上浪费宝贵的资金，而是应该致力于长久地培养和留住最优秀的人才。

提升团队凝聚力

了解团队成员的内在动机可以帮助我们化解冲突。如果你在决定团队领导人的问题上犹豫不决，那可能是因为这些团队成员都没有全身心投入。如果有很多人推卸责任，或者普遍缺乏责任心，那可能是因为没有找到有成就导向的人来推进这个项目。你的团队是否在前期表现得很好，但一遇到障碍就很难取得进展？这可能是因为团队中的员工不是被完成项目的目标所激励。相反，你的团队可能是由一群对新想法感兴趣，但对实现这些想法不感兴趣的梦想家组成的。

了解团队中每个成员的动机，我们就能找到行为背后的原因，然后引导他们的行为。

推动工作进展

你是否也遇到过下面这些情况：团队总是在拖延进度，迟迟无法完成产品交付；虽然项目在最后阶段进展飞速，但是初期的进展却异常艰难；团队成员之间的分歧严重阻碍了项目的进程。团队工作进展不顺畅可能是因为团队成员之间的动机不同，他们的内在驱动力之间产生了冲突。了解团队中每个成员的动机，就能够帮助我们化解团队成员之间的矛盾，更有效地领导团队。

本书的阅读建议

你有没有遇到过这样的朋友——他会在不同的潮流文化中来回穿梭，试图找到最适合自己的一种。他们这次会说"哇，这本书改变了我的人生"。下次他们又会说"不，等等……不是上次那本，是这本书改变了我的人生"。他们就好像在寻找一种万能药来解决一切问题。这个想法对他们来说极具诱惑力，但事实是，这种万能药是根本不存在的。

既然如此，我想和你分享一些阅读前的建议，帮助你理解本书的精髓。

动机只是人生测验中的一道难题，不是全部

我深知读懂动机密码会如何改变人们的自我意识，帮助人们推动事业的积极变革，改善员工与下属、同事和团队成员之间的关系。但要想出色地完成工作，仅有动机是远远不够的，我们还必须发挥自己的技能和专长。了解动机的重要性在于，它能帮助我们解锁最好的自己，是我们能够达到最佳状态的基础。

动机密码不是做坏事的借口

当然，动机可以让你意识到哪些是以牺牲他人利益为代价的恶劣行为。例如，"我是不得已才会抢走你的光环的，毕竟我的动机是引人注目。"

动机密码并不是凭空产生的

你的动机密码很好地解释了你的理想、你的决策以及你向往的工作和职责。然而，动机是复杂的，它会与环境中的其他因素相互作用，例如疾病、经济需求和周围人的动机。

动机密码不是你的全部

动机没有好坏之分，每种动机都有积极属性和弊端。如果你不喜欢自己的动机密码，不要担心。动机密码不是名牌，不需要贴在身上。它只是为了更好地帮助你理解自己的内在驱动力，让你了解自己与他人的不同之处。

第 2 章

27 种动机类型，精准解读你的内驱力

第 2 章　27 种动机类型，精准解读你的内驱力

从现在起，我将带领你寻找并激活你自己的动机密码。首先，你将了解各种类型的动机，以及由不同动机组合而成的动机密码。然后，你可以通过免费的动机密码评估网站（TheMotivationCode.com/free）来确定自己的主要动机。最后，我会为你提供在生活和工作中激发动机密码的建议。

每个人的动机密码都是独特的

动机密码是由三个最主要的动机组合而成的。在动机密码中，共有 27 种动机，如表 2-1 所示。

表 2-1　动机类型

1. 实现潜能	10. 服务他人	19. 解决问题
2. 改变世界	11. 制造影响	20. 推动发展
3. 追逐梦想	12. 领悟和交流	21. 建立根基
4. 追求挑战	13. 精益求精	22. 引人注目
5. 克服困难	14. 获取新知	23. 掌控全局
6. 实现目标	15. 探索未知	24. 与众不同
7. 一往无前	16. 组织协调	25. 核心角色
8. 团结协作	17. 捍卫标准	26. 渴望拥有更多
9. 融入组织	18. 优化提升	27. 追求卓越

当你看到动机的数量及其组合方式，你就很容易理解为什么每个

人的动机密码都是独特的。在所有的动机中任选三种最主要的动机，可以形成2925种组合，产生17 500个动机密码。因此，尽管两个人可能有某种相同的主要动机，但其他主要动机不一定相同，更不可能出现三种完全相同并且顺序也完全一致的主要动机。举个例子，假如两个人都喜欢爬山，他们的首要动机都是追求挑战。但是，第一个人更喜欢和其他人一起爬山，因为他的次要动机是团结协作；而另一个人的次要动机是精益求精，所以他更喜欢独自攀爬，以精进自己的登山技能。

值得注意的是，不同的动机之间会相互影响。所以，即使两个人在动机密码中有某种相同的首要动机，他们获得驱动力的方式可能也略有不同。这种差异来自其他不同的主要动机。这意味着动机密码能精确地解读你的驱动力，为你提供更有针对性的个性化答案。

动机类型

尽管每一种动机都有独特的属性，但某些动机之间也存在一些共同之处。依据这些共同特征，形成了动机类型（motivational families）。例如，梦想家型动机与展望未来相关。这种类型中的动机都与未来有关，但又各有独特之处。因此，在解读你的动机密码时，关注具体的动机比关注动机类型更重要。动机类型只是告诉你动机之间的共同点。

表2–2是按动机类型进行分类的动机。

表 2-2　　　　　　　　按动机类型分类的动机

梦想家	实现者	团队成员
1. 实现潜能	4. 追求挑战	8. 团结协作
2. 改变世界	5. 克服困难	9. 融入组织
3. 追逐梦想	6. 实现目标	10. 服务他人
	7. 一往无前	11. 制造影响

学者	优化者	灵魂人物
12. 领悟和交流	16. 组织协调	22. 引人注目
13. 精益求精	17. 捍卫标准	23. 掌控全局
14. 获取新知	18. 优化提升	24. 与众不同
15. 探索未知	19. 解决问题	25. 核心角色
	20. 推动发展	26. 渴望拥有更多
	21. 建立根基	27. 追求卓越

测一测能让你找到工作满足感的工作动机是什么

现在，你已经初步了解了动机和动机类型，接下来你可以深入学习自己的动机属于哪种类型。你可以进行在线的动机密码评估（TheMotivationCode.com/free），这是一个基于真实经历的心理测验，旨在帮助你找到幸福和成功背后的动机。

第一步：回忆自己的成就故事

在开始动机密码评估之前，你可以先回忆自己的某个成就故事。它可以是你生命中的某个瞬间，在那一刻你完成了某件有意义的事情。这段经历不一定多么惊天动地，但它始终留存在你的记忆深处。

在某种程度上，这个成就故事决定了你对自己的评价。

根据你的个人成就故事，回答以下三个问题。为了确保答案的完整性，请依次回答每一个问题：

- 描述一个让你难以忘怀的成就故事；
- 描述一下在这段经历中，你做了什么；
- 描述一下在这段经历中，最让你感到开心的是什么。

下面是我第一次参加动机密码评估时写下的成就故事。

描述一个让你难以忘怀的成就故事。在高三的时候，我是校篮球队的成员。那一年，我协助队长带领球队获得 18 胜 5 负的成绩，这个成绩在州比赛中名列前茅。在那之前的两个赛季，我们校篮球队的成绩分别是 0 胜 21 负和 2 胜 19 负。所以，那个赛季对我们来说是一个巨大的转机，也是一次非常令人骄傲的经历。

描述一下在这段经历中，你做了什么。大二时我得了重病，医生说我可能再也不能打篮球了。我的体重减轻了 60 磅[①]，而且接下来的几个星期我不得不使用助行器和拐杖。但是，仅仅六个月后，我又重新回到了健身房。第二年，我重回球队，甚至球队的大部分得分都是我贡献的。

描述一下在这段经历中，最让你感到开心的是什么。在被告知我可能再也不能打球后，我又带领球队取得了胜利。这说明长期的付出是有回报的。我明白了一个道理，重要的不是你的起点在哪里，而是终点的位置。

---

① 1 磅 ≈0.454 千克。——译者注

你注意到了吗？我的答案并不长，也不详尽，但它们具体而直接地回答了三个问题。在回忆你的成就故事时，最重要的是要保证答案直接明了，这样才能获得最准确的结果。

在进行评估时，不要太纠结你要选哪个成就故事。如果此时此刻，某个回忆忽然浮现在你的脑海中——就是它了。它突然涌现是有原因的。

一个好的成就故事往往有以下几个特点：

这个成就故事是具体而明确的，而且有始有终。不要选择大而模糊的事件，也不要选择那些一般性的成就。你应该选择一些非常具体的事情——发生在某个特定的时间范围内，并且是已经完结了的（例如，"我在一所地方大学修了一门政治课程，并获得了 A 的成绩"）。

这段经历对你来说意义重大，你不在乎别人的看法。你的成就故事可能在别人那里不值一提，但这并不重要。重要的是，它是你的脑海中难以抹去的记忆。

这段经历能经受得住时间的考验。最好的成就故事不是那些发生在几天或几周前的故事，而是发生在数月或数年前却仍然在你脑海中挥之不去的故事。

我们建议你在进行动机密码评估之前完整地写下三个成就故事。首先，这将帮助你找到这些成就故事之间的联系和共性，让你了解自己的动机。其次，通过分析多个成就故事，你会发现自己的动机密码是如何随着时间的推移和情境的差异而有所不同的。

> **练习**（30 分钟）
>
> 1. 列出 5～7 个成就故事。先不要写细节，你只需要列出大概的事件，便于后续做选择。
> 2. 回顾一下每个成就故事的三个部分：描述一个让你难以忘怀的成就故事；描述一下在这段经历中，你做了什么；描述一下在这段经历中，最让你感到开心的是什么。
> 3. 选择三个最具有代表性、最让你难以忘怀的成就故事。不要为了取悦别人而刻意选择某些经历。选择那些对你而言真正重要的事情。
> 4. 按照上文提到的三个问题写下你的成就故事。
>   （1）
>   （2）
>   （3）

第二步：进行评估

写下你的成就故事后，请访问 TheMotivationCode.com/free 进行免费的动机密码评估。这个过程大约需要 30 分钟，评估结果将通过电子邮件直接发送到你的邮箱。

以下是进行评估时的一些提示。

保证时间充足。虽然只需要 30 分钟，但请给自己留出充足的时间来充分思考每个问题，以提高结果的准确性。

答案要明确。评估会要求你用从"不满意"到"非常满意"对某些陈述进行评价。过于频繁地选择"非常满意",将会影响结果。

相信你的直觉。虽然每个问题都需要认真思考,但不要花太多时间寻找问题背后隐藏的含义。你的直觉可能是最准确的。

第三步:分析结果

现在你已经完成了 MCODE 评估,你可以找到自己的动机密码了。

查看报告。你将收到一份报告,上面列出了你的三大主要动机。在生活和工作中,你最重要的三大动机将会影响你的满意度和投入程度。此外,这三大动机会相互影响,你很可能会在你的成就故事中发现它们的存在。

阅读报告中描述了你三大动机的部分。本书的以下章节分别论述了每一种动机,包括每种动机的特点、潜在的弊端、如何与拥有这种动机的人合作,以及受这种动机激励的人适合的工作领域等。在阅读时,请思考这种动机如何随着时间的推移而影响你的决策、行为和投入程度。

动机类型没有好坏之分。每种动机都是一份天赐的礼物。一旦被激活,它就会给你带来工作上的成就和生活中的幸福。你的动机仅仅描述了你的内在驱动力从何而来。你会发现,27 种动机中的每一种都对应着代表性的成功人士:他们或是行业的领军人物,或是文化领域的弄潮儿,或是目标远大的成功者。虽然最初的你可能更希望从其他地方获得驱动力,但请记住,这个世界需要我们接纳自己。你应该去接受你在本书中的发现(也就是你的动机),并加以实践。成功需要的是用心投入,而不是心存芥蒂。

另外，你不一定完全符合某种动机的全部特征，这是实际情况和动机类型的划分方式所导致的。因此，根据三大动机的组合，你对这些动机的实际体验可能会略有不同。当然，你也可能会觉得自己和多种动机的描述都符合。

第四步：与同伴讨论

我们每个人都有盲点。我们可能会忽视自己的行为和个性中的某些方面，因为我们已经习以为常。这就是为什么我们需要别人的意见来帮助我们更加了解自己。因此，我们强烈建议你至少与另一个人一起参与这个自我发现的过程，这样你就可以与你信任的同伴一起讨论你的评估结果，听听他的观点，并问问他是如何看待你的动机密码的。

以下是一些你可以和同伴讨论的问题。

- 报告结果中有什么内容让你感到惊讶？你的动机密码和你预想的一样吗？如果不一样，为什么会觉得和预想的不一样？
- 动机密码怎样帮助你解释过去的经历（例如决策、职业变动、冲突和管理风格）？
- 你有什么不理解的地方吗？很可能你的动机密码与你的预期并不完全一致。或许是因为你所期望的和实际的动机不一致，又或者是因为你选择的成就故事只体现了动机的某个方面，没法代表你的全部动机。
- 下一步该做什么？仅仅了解动机密码是远远不够的，你还要付诸行动。在了解了动机密码之后，你可以采取哪些措施将你的动机落实到日常的工作中呢？制订一个计划，按照计划一步一步执行下去（关于如何做到这一点，我会在第9章进行详细介绍。）。

还有一些你需要注意的问题。后续的每一章都会介绍一种动机类型，你可能想要跳过那些与自己的动机不相关的章节，但是我希望你读一读。了解每一种动机类型可以帮助你更好地理解你周围的人。

在阅读的过程中，想一想生活中与某个有这种动机的人互动的过程。特别要关注你们之间发生过的误会或让你困惑的事情，回顾你当时的处理方式，以及是否还有其他更有效的解决方法。

此外，在正文中我删掉了我们研究背后的大量数据结果和研究方法介绍。如果你想了解更多细节，请关注本书末尾的附录。在那里，你会了解到这项研究的具体细节，包括我们数十年来通过分析人们的成就故事，推动动机密码开发的过程。你还会找到更多的参考资料和原始资料，从而帮助你更深入地了解动机理论。

第二部分
找到你工作背后的专属动机

第 3 章

坚守梦想、努力向上的梦想家

> **共同特征**
>
> - 想要在那些可能实现或者理想的事情上有所作为；
> - 致力于将理想变为现实，尤其是在只有他们自己坚守理想的时候；
> - 能够发掘出自己的潜力；
> - 着眼于未来，甚至以牺牲现在为代价。

梦想家型动机主要围绕着可能性展开。被这种动机激励的人会在不被理解和认可的情况下，朝着自己的梦想努力。他们厌烦过程和逻辑，更看重全局和影响力。他们会描绘出一个愿景，然后努力将这个愿景变为现实。

梦想家型动机类型包括三种主要动机：

- 实现潜能型；
- 改变世界型；
- 追逐梦想型。

实现潜能型：相信人生充满了各种可能性

激发和实现潜能是你一直不变的关注点。

萨莉被任命为人才发展副总裁后，她在这个新岗位上全力以赴地工作。她觉得为了提高组织的绩效，她需要一个更强大的团队。在最初的两年，萨莉挑选了一批精通人力资源管理和培训知识的员工。在萨莉的指导和支持下，她的团队成员不断进步，具备了优秀的领导才能。他们打造了未来人才培养通道，开发了一系列吸引新员工、衡量员工进步和成就的工具。他们还与各大部门的领导建立了密切的联系。通过自己的工作，萨莉和她的团队对组织产生了积极深远的影响。

当被问及这些非凡成就最让她满意的地方是什么时，萨莉说自己喜欢战略规划——利用战略帮助企业拓展业务、实施战术计划、衡量成功。她还特别喜欢指导年轻人，希望能为他们的成长和发展创造机会，让他们在挑战中变得强大和自信。对萨莉来说，与团队成员之间建立密切的联系让她感到很快乐。这就是她在工作中实现潜能的动机。

追求最优

像萨莉一样，实现潜能的愿望驱使人们觉得必须要竭尽所能地将事情做到最好，并最大化地扩展自己的影响力。他们能够透过现象发现并善于利用他人看不到的信息。正因为如此，他们经常比其他人领先。他们总能打败那些和他们意见不同的人。

不浪费潜能

这种动机会驱使人们去开发自己所发现的潜能，他们会对浪费潜能的人感到不满。或许你会感到惊讶，他们并不一定必须要在工作中得到他人的认可，也不介意别人趁机炫耀自己的成就。他们的快乐在于激发潜能，并且看到它变为现实。

许多服务于体育界和商界的教练都受到实现潜能型动机的激励。他们喜欢激发他人的潜能，让他人实现其自身的目标。他们尤其乐于帮助他人看到那些被其自身忽视的潜能。有些企业家的首要动机也是实现潜能，这类人善于发现市场上那些被忽视的机会，敏锐地察觉到用户的痛点。

实现潜能型动机的弊端

具有实现潜能型动机的人也有一些隐藏的弊端。处理不得当,就可能会导致以下这些问题。

不切实际的期望

具有实现潜能型动机的人有时只看到某件事的价值和意义,却忽略了自己的宏伟计划可能会不切实际。在适当的情况下,他们无限的乐观和"想做就做"的态度具有很强的感染力,但有时这种态度也会削弱一支务实的专业团队的力量。因此,要注意监督他们的想法,确保他们不会单纯被潜能所吸引,而完全不考虑现实。

一心向往未来,忽视眼前的风景

被实现潜能型动机激励的人通常会远眺未来,想象无数种可能,而不是专注于眼前和现在的事情。因此,他们可能会只关注有长期回报的项目,而忽略了当下紧迫的问题。从长远的角度来看,这对一个组织是有好处的。但如果忽略了眼前的责任,那就不一定是好事了。出于这个原因,这些人需要及时设定并关注优先事项,这样才不会被未来所诱惑,忘记当下的需求。

"做梦"比"做事"更重要

具有实现潜能型动机的人总是在为未来制订宏伟的计划。他们绞尽脑汁,想象一切可能会发生的事情,但是他们往往很难坚持下去。因此,要让他们规划好实际要做的每一步,以保证计划的成功实施和顺利推进。

不切实际的乐观

虽然面对逆境时保持乐观是有好处的,但那些被实现潜能型动机所激励的人往往会表现得过分积极,甚至有不切实际的乐观。他们非常希望看到事情会发展成什么样,以至于他们相信只要给他们足够的时间,一切都会朝着对他们有利的方向发展。然而,这种乐观的想法也会让那些拥有实现潜能型动机的人进退两难。实际上,他们需要接受失败的现实,及时止损。过分乐观会影响他们对项目情况的评估,误导团队成员和组织的判断。

与具有实现潜能型动机的人一起工作

与一个以实现潜能为首要动机的人一起工作,你要面对的挑战之一是:尽管实现潜能是他们最大的财富,但这也是他们陷入麻烦的原因。因此,他们需要你帮助他们认清现实,保持理性,但同时又不能压抑他们的积极性。在实现理想的过程中,他们需要获得适当的支持,但不是过分的鼓励和不惜一切代价的冒险。要做到这一点,最好的方法是通过一些实际的问题,让他们思考将理想变为现实的具体步骤。例如,你可以问他们:

- 这是一个很有趣的想法,你能向我解释一下你将采取什么步骤来实现它吗?
- 你知道这个想法什么时候会变得不再有意义吗?
- 你知道什么时候该放弃吗?

那些强烈想要实现潜能的人渴望投入工作,因为工作能让他们发挥自己的技能,最大限度地开发潜能,探索各种可能性。因此,一旦获得管理权,他们往往会表现得很出色。和他们一起筑梦,让他们的乐观情绪感染我们，会给我们带来很大收获。

具有实现潜能型动机的人总会想到各种可能性。然而，正因如此，他们有时会对此感到茫然。这时就需要我们帮助他们缩小选择的范围，以便他们不会对未来感到不知所措。但是，即使团队中的其他人已经放弃很久了，有实现潜能型动机的人却还是想要坚持下去。在这种情况下，我们需要关注他们对团队状态的影响。

当与一个有实现潜能型动机的人共事时，你要意识到他们可能并不是真的想要实施某些想法。虽然他们可能会分享很多关于事情如何发展的想法，但这并不意味着他们想要去执行。相反，你要学会选择性地倾听，询问他们的真实期望，而不是从对话中推断他们的预期。例如，你可以问：

- 你现在需要我为那个项目做什么吗？
- 我们需要确认一下，我们是要改变现在的客户策略吗？
- 你希望我从这个方向开始做吗？还是你想让我等你确定了最终方案之后再行动？

此外，注意他们的表达方式。具有实现潜能型动机的人会用一些偏离实际的语言。比如"这是我们做过的最重要的事情"或"这将改变世界"。还要让他们明白现实和他们的理想（他们认为如果给予足够的时间就会发生的事情）之间是存在差异的。

适合的领域 / 工作

初创型企业

设定工作量和工作要求会让以实现潜力为首要动机的人不知所

措。在工作中，他们需要有很大的自由空间。他们往往在初创型企业中表现出色，尤其是推出新产品、创建新行业、提出新构想的企业。他们还会在品牌推广、设计和营销等艺术和创意角色中取得成功。因为他们的主要目标就是设想未来，并且将它付诸实际。

新项目

有实现潜能型动机的人可能很快就会对一个长期项目感到厌倦。即使他们在开始的阶段激情澎湃，一旦项目接近尾声，他们就会失去兴趣，转而把精力投入到更新、更大、更好的事情上。重要的是，无论是新项目还是重大项目，要确保分配给他们的工作在他们的主要职责范围之内。

形式多样的工作

那些以实现潜能为首要动机的人渴望能够面对各式各样的新问题。如果让他们一遍又一遍地处理同一类问题，即使每个问题之间稍有不同，他们也会很快失去兴趣，对工作感到厌倦。因此，他们不适合从事重复性的工作，无法在一成不变的工作中展现自己的能力。他们喜欢不断面对新的问题，并且能够主动寻求多样化的解决方案。

改变世界型：用自己的成就影响周围的世界

你想要用自己的成就影响周围的世界。

从约瑟夫被分配到项目团队的那一刻起，该团队的人就感受到了他的存在。虽然很多人会在适应团队之后再表达自己的观点，但他并非如此。从第一天起，他就试图改变团队的现状和工作态度，他试探性地提出问题，询问大家为什么事情以某种方式进行，并提出他认为更有效的工作方式。最终，项目通常会朝着一个积极的方向发展，没有约瑟夫的加入，这是不可能实现的。

相信自己能够改变世界

拥有改变世界型动机的人强烈渴望对组织、团队、流程、系统和信仰等一切都产生影响力。对他们来说，重要的是能够随心所欲地参与他们认为最好的事情，并根据他们的直觉做决定。具有这种动机的人适合担任教练、导师和领导者角色。他们会组织活动来提高大家对社区问题的关注，也会在孩子的学校担任家长委员会的志愿者，甚至还会竞选当地的政府公职。

不愿安于现状

拥有改变世界型动机的人是极其不能容忍安于现状的，尤其当现状是阻碍发展的主要原因时，他们往往会最先站出来，告诉大家需要做出改变，然后动员大家一起进行必要的改变。他们不怕承担风险。他们能够为组织引入新的思维方式，但这有时也会威胁到"保守派"的利益。出于这个原因，许多拥有改变世界型动机的人都被艺术领域所吸引。因为在艺术中，挑战规范是非常常见的，也是合情合理的。

冲锋在前

那些被改变世界型动机所驱动的人往往会冲在最前面，他们想要成为第一个"吃螃蟹"的人，他们也愿意承担有挑战性的工作。如果某项工作能够广受关注或者对组织的未来产生深远影响，他们就会更加积极；但是，如果这项工作不能给组织带来任何改变，他们就会失去动力。

改变世界型动机的弊端

尽管拥有改变世界型动机的人有许多积极的品质，但他们也存在一些隐藏的弊端。这是他们自己、他们的同事和领导都应该注意的。

总想改变别人，爱管闲事

因为他们迫切想要给组织和周围的人留下深刻的印象，所以那些把改变世界作为首要动机的人总是爱管闲事，喜欢干涉别人的事。为了改变，他们会不断提出新问题。例如，一名销售助理可能会在没有得到主管批准的情况下与客户谈判，并承诺超出他能力范围的事情；或者，一个经理可能每隔几周就调整一次团队目标，以彰显自己的影响力，但最终只会导致团队管理混乱，绩效不佳。

不服从权威

那些想要改变世界的人渴望追求自我。因此，他们通常很难接受他人的建议；相反，他们还可能会回避甚至无视他人的意见。他们也可能会假装屈服于权威，但却在背后悄悄行事。

得不到认可就退缩

一旦意识到别人不认可他们的想法，将改变世界作为首要动机的人就会在情感上、精神上甚至身体上选择退缩，然后换个地方去施展才能。在一个精英云集的团队中，这种想法很容易制造矛盾，因为每个人都想要拥有最大的影响力。例如，一名创意总监会抵制所有和他持不同观点的人；如果不能完全按照自己的意愿行事，他就会心不在焉，消极怠工。为了获得他的支持，整个团队就不得不尽力迎合他，最终导致了不必要的压力和内讧。

想法太多

被改变世界型动机驱动的人有时会因为想法太多而感到沮丧，这会让其他人忽视他们真正面临的问题，也意识不到他们到底想要什么改变。

缺乏耐心，做事欠考虑

他们缺乏对时间和策略的规划，因为他们希望看到立竿见影的结果，而不是等待未来的改变。当觉得自己想要的结果没有立刻实现时，他们就可能与领导产生矛盾。

与具有改变世界型动机的人一起工作

虽然那些以改变世界为首要动机的人可以承受巨大的压力，他们的工作似乎完全是靠意志推动的，但如果他们看不到自己正在做的事情和结果之间的直接联系，他们很快就会失去兴趣。因此，在和有这种动机的人共事时，你需要了解几个小技巧。

肯定他们的影响力

拥有改变世界型动机的人需要看到自己的想法和行为正在影响他人，并且感受到自己能给团队带来重要价值。你可以在会议中赞扬他们（"如果你们看看汤姆为我们精心整理的营销预算电子表格，你们会发现……"），也可以直接和他们沟通（"凯蒂娅，我已经在考虑你的建议，很感谢你的贡献……"），或者在写邮件给领导汇报他们对项目的贡献时，将邮件抄送给他们。当然，这并不意味着你要赞扬他们的每一个想法，或者对他们的成功赞不绝口。重要的是让这些有改变世界型动机的人知道你意识到了他们的影响力。

分析他们遇到的阻碍

与拥有改变世界型动机的人讨论要有一定的策略，要帮助他们更好地找到限制他们发挥影响力的因素。无论是在正式的一对一交流时，还是在非正式的午餐时间，你都可以与他们探讨这些问题。那就是：是什么限制了你发挥自己的影响力？你希望在哪些方面获得更多的自由？在实现目标的过程中，你有哪些无法克服的障碍？让他们正视这些障碍，不要"添油加醋"。你应该表现出同理心，帮助他们看得更远。

关注他们过度的控制欲

一个强烈想要改变世界的人可能会阻止周围的人说出自己的意见。如果不加干涉，他们就很容易在团队中引发不必要的摩擦。当这种情况发生时，你需要让他们明白，影响力不仅仅是让别人都按照自己的方式行事，也可以把大家团结起来一起努力。你需要随时关注他们的控制欲，避免他们过度掌控别人，也要防止他们变得刚愎自用、一意孤行。

表明你的立场

拥有改变世界型动机的人往往对影响力有着强烈的渴望。但是，不要被他们强烈的动机吓到，也不要质疑他们想要成为变革推动者的愿望。你可以在谈话中表明自己的立场，引导他们积极地付出努力。

征求他们的意见

那些有改变世界型动机的人会在不经意中过度干涉他人的工作。

在没有限制的情况下，他们可能会改变你的工作方向。为了克服这一点，我们可以在项目初期征求他们的意见，让他们提供可操作性的建议，而不是等到项目已经进展有序时，再被他们强行干涉项目进展。此外，不要立即否定他们的想法，而是给他们充分解释自己的机会，让他们表明自己的立场。

适合的领域 / 工作

有影响力的工作

拥有改变世界型动机的人希望控制别人，他们知道自己的工作会对项目和团队产生直接影响。他们很希望能在最终成果中体现出自己的价值。他们会说："如果没有我，就不会有现在的结果。"因此，这类人对幕后工作、辅助支持类工作以及行政工作不感兴趣，不喜欢从事重复性的工作，也不喜欢过程导向的工作。相反，他们更想成为别人眼中的榜样。

事业的开创者

对于那些首要动机是改变世界的人而言，他们会在需要创造性和主动性的环境中如鱼得水，例如初创型组织和项目的早期阶段。一旦投入，他们会竭尽全力，甚至会为了工作起早贪黑、废寝忘食。这不是因为他们喜欢做困难的工作，而是因为他们在这些工作中看到了自己巨大的影响力。

能够自由发挥的空间

对于想要改变世界的人来说，他们不会屈从于那些不认真对待他们的领导。因此，管理者既要让他们明白自己的职责，也要给他们自由发挥的空间，这样他们就会在工作中感受到极大的满足，并且充分发挥自己的影响力。

追逐梦想型：渴望追求有价值的事情

想要把概念、愿景或价值观以现实的方式呈现出来。

尼克总是忙得停不下来。在过去的几年里，他创办了许多家公司，其中多家公司都非常成功，获得了媒体的广泛关注。他不断地向别人介绍自己正在开发的新产品，迫不及待地要将新产品推向市场。他会详细讲述自己的愿景，包括他将如何实现自己的计划，甚至他还想好了退路。他富有感染力的工作热情帮他吸引了许多优秀的合作伙伴，甚至一些名人都是他的合作者。在大家的共同努力下，他们一起将理想变成现实。

沿途的风景比目的地更重要

那些追逐梦想的人就像尼克一样，热衷于把抽象虚化的概念变成现实世界中具体而有价值的东西，比如把遥远的愿景付诸实践从而发展成一家真正的企业。许多拥有这种动机的人都是企业家、创业者、改革者、商业领袖、运动领袖或者为了某个重要的原因而投身到一项事业中的人。他们最大的热情在于，追求一种可能，而不是最终的结果。

渴望成为完美的自己

追逐梦想的人渴望成为最完美的自己，因此，他们都有远大的理想。

同时，他们为人正直，做事有原则，知道什么可以做，什么不可以做。

别人眼中"不切实际"的人

那些把追逐梦想作为首要动机的人通常具有很强的创造力和优秀的直觉。他们可以看到其他人看不到的事物关系，并且总是比其他人领先几步。他们的思维非常概念化，总是讲一些抽象的内容，却缺少实际的具体措施。这可能会让他们看起来不切实际，或者像是在白日做梦。但实际上，追逐梦想的人总能够先人一步，纵观全局。因此，为了让周围的人理解自己，他们可能总是需要花时间来解释自己的想法和行为。

追逐梦想型动机的弊端

以下是一些以追逐梦想为首要动机的人可能会遇到的潜在问题。

无法接受失败

追逐梦想的人专注于理想中的未来，他们会预想事情应该有的结果。一旦事与愿违，他们就会很沮丧。因此，如果一个组织没有以某种方式完成它的使命，或者一个项目没有达到预期的结果，他们就会非常失望，以至于会把注意力转移到另一个他们认为可以朝着他们期望的目标前进的项目上。

完美主义者

追逐梦想的人会对现实感到沮丧，他们无法容忍自己在某些领域有所欠缺，也无法接受生活和预想的不一样。他们可能会用某些"规则"来凸显自己的价值观，但这也会导致他们在有嫌隙或者需要妥协的关系中缺乏灵活性。例如，如果有阻碍他们实现理想的意外情况发生，他们就会很沮丧，然后再以某些与众不同的方式恢复正常。

不愿面对现实

那些把追逐梦想作为首要动机的人是心怀大志的人，他们总是觉得生活中充满了各种可能性。但是，这也导致他们不愿意承认失败。他们缺少灵活性和开放性，并且看不到问题的关键。某些时候，不愿面对现实的性格可能会让他们进行毫无意义的冒险，不断把金钱和精力都投入到已经失败的项目中，或者高估团队和自己的能力。换句话说，他们可能会"因为一棵树，而错失整片森林"。

一心只想做自己

渴望追逐梦想的人不会为了融入某个群体而妥协，也不愿意接受他人"去梦想化"的想法；相反，他们会坚持自己的立场。

与具有追逐梦想型动机的人一起工作

帮助他们辨别自己的梦想是否合乎实际

受到组织资源和目标的重重限制，对于追逐梦想的人来说，实现梦想和面对现实同等重要。你可以定期和他们交流想法，并提出这样的问题：这个想法现实吗？你觉得什么时候会成功？你觉得需要改变策略吗？你需要指导他们，通过这些问题，引导他们得出合理的结论，而不是强迫他们接纳你的观点。

重新定义梦想

你如何定义成功，成功就如何定义你。所以，追逐梦想的人不能空谈梦想，他们必须明白在组织、时间和个人能力限制下的成功是什么样的。例如，在有限的组织资源中，成功是"虽然我们的预算只够完成 80% 的目标，但这也是一种成功"；在有限的时间里，成功是"因为截止日期是周二，所以这不是最优选择，但它不失为一个好办法"；受到个人能力的限制，成功是"我不确定你是否已经准备好向整个组织做展示，但这是一次锻炼的机会"。通过这种方式，你能够在鼓励他们朝着自己的梦想继续前进的同时，也让他们明白什么样的梦想是真正可能实现的。

挑战自我认知

那些追逐梦想的人往往认为"众人皆醉我独醒"。他们认为只有自己是对的，而周围的人都是错的。然而，这种自我认知可能是扭曲的。他们希望尽量表现出自己的威望。例如，他们可能会说：

- "我是唯一能……"
- "我现在要立刻阻止大家……"
- "我不明白为什么他们看不到那么简单的真相……"

如果你注意到某个人的表达方式很极端，或者总是试图做超出他们能力范围的行为，那么你就需要帮他们认清自我认知和现实之间的契合点。例如，如果你团队中的某个人坚信自己是唯一能够完成某个目标的人，可以问问他是否还有别人能够帮助他。你也可以分享现实生活中的例子，告诉他们什么是追逐梦想的正确方式——在不影响他人工作的前提下，赢得他人的支持。那些追逐梦想的人往往会在这些例子中深受启发，尤其是当你对他们提出更高的要求和道德标准时。

和他们一起创造梦想

即使你天生是个务实的人，你也可以尝试着和那些追逐梦想的人一起创造梦想。他们可能会与你分享自己伟大的想法，因为他们正在研究如何实现它们；或者，他们心里可能有很多想法，只是还没有与你分享。许多追逐梦想的人都是内向的，他们内心怀揣着梦想，但是你只有走进他们的内心，他们才会与你分享。即使意识到时间有限，他们也不会放弃梦想。他们很希望得到你的理解和包容。在规划未来的时候，他们希望你能站在他们这一边，这对他们来说非常重要。如果你能做到这些，即使你要限制他们天马行空的想象力，他们也愿意接受。

目标与能力要匹配

追逐梦想的人通常会想要从事一些稍微超出他们能力水平的工作。出于这个原因，请密切关注他们在工作中的表现，他们可能会进入超出自己能力范围的领域，也可能会凭借自己的优势和过往经验做一些傻事。请记住，即使他们有强烈的内在动机，渴望在工作中脱颖而出，但是如果没有必要的技能，他们也注定不会成功。

划清边界

那些把追逐梦想作为首要动机的人可能会有很多想法，和他们一起工作会让你充满激情。然而，你和你的团队也要准备好接受他们不切实际的想法。当这种事情发生时，直截了当地拒绝他们，划清自己的边界（除非你在值夜班，否则你不必在午夜回复他们的电子邮件！）。另外，不要卷入他们的"拉锯战"。对他们来说，每件事可能都至关重要。在他们明确下定决心之前，不要被他们的紧迫感所影响；相反，你可以先专心进行自己的工作，直到他们给你提出具体的要求。

适合的领域/工作

改变世界的工作

追逐梦想的人渴望追求有价值的事情，因此他们活跃在那些和他们一样有着雄心壮志的组织中。他们凭借自己的才能追逐梦想。无论是在寻找治疗癌症方法的实验室，还是在解决世界饥饿问题的智库，或是在改善医保策略的开发团队中，都有他们活跃的身影。

创新性的工作

以追逐梦想为首要动机的人不只会幻想，也会为了可能的未来而付出努力。与其他有着梦想家型动机的人不同的是，追逐梦想的人更关注梦想本身。他们希望将自己的计划付诸行动，直到现实世界与他们头脑中的想法相匹配。他们善于不断构建和创造新的事物，因此，他们适合开发应用程序、组织新活动、提出新建议、建立新网站、设计新产品等工作。

能持续获得个人成长的工作

追逐梦想的人希望提升自己的技能和思维，以匹配他们的自我认知和理想。他们渴望通过晋升和承担更多工作来获得向上发展的机会。他们是内部培训、研讨会、导师项目和一对一签入（one-on-one check-ins）等形式的职业发展活动的受益者。他们喜欢那些给他们提供机会使他们持续追求梦想的工作。

写给具有梦想家型动机的人的忠告

如果你的动机属于梦想家型，那么你可以采取一些实际措施来确保自己长期保持活力和干劲。

多交良师益友

结交那些愿意花费耐心劝导你的人，他们可以在你过分乐观或者不切实际的时候，提醒你悬崖勒马。多与德高望重的人交往，与他们分享你的想法并寻求他们的建议，这会让你看清哪些是为了成功而付出的努力，哪些是毫无意义的浪费精力。快去寻找这类朋友，让他们走近你的生活。

停下来，慢慢讲

你脑海中的思路很清晰，但是你的想法可能会比别人超前。如果你发现团队成员忽然表现得很紧张，那很有可能是因为其他人没有跟上你跳跃的思维。此时，你就需要停下来，向他们耐心解释你的思路，让他们跟上你的进度。

给自己留出创造梦想的时间

工作中的很多状况都是现实且紧急的，这就导致梦想家们没有时间创造梦想。因此，在日常生活中，你要学会挤出时间去思考、去创造梦想。你可以在每周的日程中，给自己留出一两个小时。你还能利用这些时间写下自己的想法，或者去散散步，让自己沉浸在天马行空的梦想中。

倾听自己的心声

虽然有一个指向未来的指南针是一件好事，但你有必要注意自己的梦想是否符合现实，尤其是在受到资源和目标限制的情况下。你可能正在追逐一些超出你能力范围的梦想，或者承担着一些自己根本无法完成的工作，这就是你会感到倦怠和沮丧的原因。需要注意的是，在某些情况下，你的理想主义可能会消磨你的斗志。

做一个支持者，而不是诋毁者

最后需要注意的是，作为团队管理者，你需要给团队发出明确的信号，表明你们在同一条战线上。纵使你对团队有更高的期望，也要先把自己的才能用在完成团队任务上。有几种方法可以做到这一点：

- 不要做会议上最先发言的人；
- 学会经常说"谢谢"；
- 赞美别人的想法；
- 在别人有需要的时候，及时给予信任；
- 不要纠结于没有意义的可能性和小目标；
- 做好自己的工作，但也要保持宽阔的视野；
- 掌握你的动机密码会帮助你更加接近梦想的彼岸。

梦想家们用自己的方式推动着这个世界不断前进。他们心怀梦想，努力将梦想变为现实。即使他们自己没有意识到，但其实他们对梦想的追求也激励着其他人一起前进。在一个组织中，他们经常会提出一些不切实际的问题；但也正是他们对梦想的渴望，他们能带领着其他人迎难而上，一往无前。所以，梦想家们就是推动未来的人。

第 4 章

不断追求挑战、绝不让自己和他人失望的实现者

第 4 章　不断追求挑战、绝不让自己和他人失望的实现者

共同特征

- 面对挑战坚持不懈；
- 迎难而上、奋勇直前；
- 为了实现目标废寝忘食；
- 积极投入。

你是否愿意为了记录开支而写满长达 15 页纸的预算表格，并且还坚持每天更新？在别人都不肯做的情况下，你是否愿意承担一个失败风险很大的项目？无论是球赛还是选举，你是否都倾向于支持弱者？对于上述这些问题，如果你的答案中有一个"是"或者全部的答案都是"是"，那么你的动机密码中很可能至少有一种动机属于实现者型。

那些受实现者型动机驱使的人很少半途而废。他们会督促团队不断向前，再艰难也要坚持下去。他们还会时刻关注工作的进程情况。他们的快乐不是来自他人的认可，也不是来自自己的领导身份。事实上，他们中的许多人都是幕后英雄。他们有一种与生俱来的渴望，那就是想要证明自己可以做到许多人认为不可能做到的事情。他们绝不会让自己和别人失望。

实现者型动机类型包括四种主要动机：

- 追求挑战型；
- 克服困难型；
- 实现目标型；
- 一往无前型。

追求挑战型：不惜一切代价证明自己的胜任力

你的成就感来自战胜某个挑战或者通过某次测验的成功经历。

通常情况下，我是一个高效且专注的人。然而，因为追求挑战是我的动机密码中第二重要的动机，这就意味着我偶尔会参与一些不太需要付出努力但又很激励人的活动。

我曾沉迷于电子游戏《堡垒之夜》(Fortnite)。在我成年以后，我玩电子游戏的时间大概总共只有十几个小时。但是几年前，我十几岁的儿子给我介绍了一款他最近在玩的新游戏。我先给不熟悉这款游戏的人简单介绍一下：在《堡垒之夜》游戏中，你和其他99个玩家一起降落在同一个岛上。你需要选择自己要去的地方，然后收集武器以求生存，并消灭其他玩家。谁成为最后的幸存者，谁就获得游戏的胜利。

在我第一次玩这款游戏时，我降落在岛上之后不到几秒钟就被淘汰了。我感觉自己太笨了。然后，我重新开始玩，这次我坚持了几分钟。第三次，我又多坚持了几分钟。到深夜睡觉前，我已经玩了12次，并成功跻身前50名。几个月后，我进入了前10名。终于有一天晚上，我取得了我的第一次胜利。我忍不住大声欢呼，并兴奋地告诉我的妻子。而我妻子的回答是："干得漂亮，你打败了一个七岁的小孩！"

一个有追求挑战型动机的人会沉迷于《堡垒之夜》，因为：

- 它的比赛规则很简单，即游戏的赢家只有一个；
- 每场比赛只持续15～20分钟；
- 获胜需要技能和运气，你可以通过提升自己的技能获得胜利，但你的成功也取决于其他玩家的选择；
- 结果很容易衡量，要么是你赢了，要么是别的玩家赢了。

如果我的工作不能给我带来更多挑战（比如写书和见客户），我就会从其他地方寻找新的挑战。

坚持不懈

对于渴望追求挑战的人来说，有难度的测试（例如技能测试、理解力测试和耐力测试）很容易激发他们的热情。他们看重的不是成功或满分，而是设法克服困难的过程。他们抱着一种"不要说我做不到"的心态，越是困难，越会竭尽全力。因此，在那些看似不可能完成的任务面前，他们往往是第一个主动站出来承担的人。他们的成就故事往往和逆境相关。

在一次采访中，演员威尔·史密斯（Will Smith）曾说："我觉得我唯一的与众不同之处就在于，我不会停下奔跑的脚步。我坚信我是不会被超越的，你可能比我更有才华，比我更聪明，比我更帅，你也可能具备我身上的所有优势。但是，如果我们一起奔跑，就只有两个结果：要么你先停下来，要么我跑到生命的最后一刻，事实就是这么简单。"这是一种经典的追求挑战的心态——当遇到挑战者时，史密斯愿意不惜一切代价来证明自己能胜任这项任务。

如果你有追求挑战型动机，你会：

- 挨家挨户地敲门，为请愿书征集足够的签名；
- 想要翻过一座山，只因为山就在那里；
- 接受没有人想要做的工作任务，然后按时完成；
- 跑一次超级马拉松，或者完成任何一场马拉松比赛；
- 只要没有赢，就不退出游戏。

竞争意识

那些把追求挑战作为首要动机的人无时无刻不在寻求挑战。即便是没有挑战的时候，他们也要创造挑战。例如，他们可能会在会议上提出更多的建议；他们一上午打的销售电话可能比同事一天打的电话都多。因此，有他们的地方，就有竞争。

勇于冒险

这类人往往在压力下也能很好地工作。他们尤其擅长在紧迫的期限内完成任务。因为紧迫感会让他们觉得这是一种"决一死战"的挑战。

盯住目标，心无旁骛

把追求挑战作为首要动机的人会紧盯问题的核心，他们不会迷失在细节中，也不会为无关紧要的事情分心。他们的眼睛总是盯住目标，心无旁骛。他们会以精确而坚定的步伐迈向成功。例如，他们可能会比其他人更坚持于某个营销策略，因为他们坚信自己能够找到方法来实现它；他们会选修学校最难的课程，只为证明自己可以做到。

甘愿收拾残局

最后，这些人往往能够在各种情况下应对自如，最终取得成功。虽然他们平时很低调，但总是会在你最需要的时候出现，并且勇敢地承担起责任。通常只有时间压力或者重要任务才会激发他们的斗志，比如项目接近尾声的时候、遇到意外状况的时候或者团队中有人出现失误的时候。

追求挑战型动机的弊端

追求挑战型动机激励着人们实现最终结果,但也会带来一些意想不到的后果。以下是一些具有追求挑战型动机的人存在的弊端。

日常工作 = 无聊的琐事

把追求挑战作为首要动机的人通常不愿意做那些缺乏挑战性的工作。他们难以忍受没有挑战的工作,例如日常维护、重复性任务和其他类型的基础性工作(归档、做电子表格、给客户打电话等)。为了创造出一个需要应对的挑战,他们会寻找或者制造出不必要的问题,或者把日常工作变成一场竞争游戏。最终,他们可能会给团队和组织制造一些毫无意义的挑战。

拖延症患者

追求挑战的人需要通过设置障碍来强化自己的投入,为此他们可能会故意拖延重要的工作,直到感受到压力时才去完成它。例如,一名创意团队的主管曾经说过,他本来有几周的时间来为下一次的客户展示制定策略,但他会把头脑风暴推迟到展示的前一两天,因为他觉得自己在时间压力下的状态是最好的。虽然他可能以这种方式表现得很好,但他的团队并不一定有最佳的表现,因为他们缺乏充足的时间搜集信息和完成前期准备工作,甚至经常不得不在最后一分钟仓促地完成收尾工作。如果这位主管能够理解为什么他需要时间压力来激励自己,并能够适当地做出调整,他和他的团队可能会有更成功的表现。

甘愿承担不必要的风险

因为他们渴望肾上腺素带来的刺激，那些需要追求挑战的人可能会比一般人承担更多的风险，也更容易做出鲁莽的决定。他们甚至可能为了解决问题而不惜制造一场危机。例如，因为不想被人打扰就独自踏上危险的山路徒步旅行；为了证明自己的实力，在紧要关头选择冒险。

视野狭窄

他们可能会自动屏蔽所有与当前追求的挑战无关的东西。他们只关注自己的想法，只在意那些能够帮助他们应对挑战的人，这可能会让其他团队成员感到被忽视或者被低估。当他们痴迷于证明自己的实力时，他们的眼中只有挑战，别无他物。在他们看来，关注身边的人和团队的情感需求会影响他们专注地追求挑战。

长期处于高压状态

因为压力能让他们表现得更好，所以有追求挑战型动机的人往往处于非常高的压力水平之下，这可能会对他们的健康造成负面影响，也会影响他们与同事、家人和朋友之间的关系。在实现目标之前，这些人会全力以赴，很难得到放松和休息。只要醒着，他们就会花很多时间来纠结如何实现自己的目标。

与具有追求挑战型动机的人一起工作

别让他们把自己或他人逼得太紧

如果你注意到一个追求挑战的人出现压力过大的迹象，那你可以试着帮他们查找原因。即使他们表面看起来不错，你也要经常和他们

第 4 章　不断追求挑战、绝不让自己和他人失望的实现者

聊聊压力的问题，让他们不要被不切实际的想法打败或者把团队的工作逼得太紧。你可以以局外人的身份帮助他们看清现状，而不要过分强迫自己。同时，你不要被他们对竞争的渴望所影响。竞争能够激励彼此做得更好，但是在合作关系中的竞争却会带来不好的结果。与他们共事时，你需要尽量保证自己的时间安排，不要让他们为了创造挑战而催促你或逼迫你。

打开格局，顾全大局

那些努力追求挑战的人往往视野不够开阔。他们会忽略一切不能帮助他们实现目标的事情。因此，你可以利用你们在一起的时间，拓宽他们的视野，让他们知道如何更好地完成工作。你要提醒他们不要为了追求短期的挑战而牺牲长期目标，让他们放眼未来而不是只局限在眼前的任务上，帮助他们合理规划工作中的优先事项。

了解"我能做"和"我喜欢做"之间的区别

追求挑战型动机的人专注于结果。所以，他们常常会把自己不喜欢的工作当作完成任务，比如回复邮件和整理信件。因此，我们可以帮助他们了解自己目前正在做的工作中有多少是他们真正喜欢做的，而不是为了完成任务被迫做的。要让他们在自己喜欢做的事情上施展才能。

直截了当，不要拐弯抹角

当和那些以追求挑战为首要动机的人一起工作时，重要的是你要认识到你们的时间规划可能一样，因为他们会把对自己的预期转化为对你的要求。他们往往不能容忍含混不清的表达和对结果无益的行动。因此，在与他们沟通时要直截了当，不要拐弯抹角。经常与他们

就目标、时间表和期望达成一致，这样你们就可以在讨论问题时迅速切入正题。你要提前告知他们你所掌握的资源、你的个人状态和你在项目上花费的时间，并用数据支持你的结论。例如，你可以说："我对这个新项目很感兴趣，但我担心我们不能在完成其他工作的同时兼顾它，我们可以从下周再开始吗？"

制订有针对性的行动计划

如果你想吸引那些积极追求挑战的人，那么你就应该制订具体的计划来跟踪项目的进度。你可以将大的项目分解成更小的目标，设置多个检查点，并定期检查和反馈。你设定的目标既要有挑战性，也要有可实现性。不容易衡量的目标对他们毫无意义。不要让他们自作主张地提高对结果的预期，要把期望值控制在合理的范围内。

走出舒适圈

只要有机会在关键时刻挺身而出，具有追求挑战型动机的人就会变得活跃起来。所以，不要担心给他们提出挑战，因为这是他们的动力来源。唯一要注意的就是，挑战会让他们过度沉迷工作，并且沉浸在压力之中。正如我们上面提到的，只要能确保定期和他们交流，了解他们如何平衡工作和生活的各个方面，挑战就不会成为他们人际关系和日常生活的阻碍。

适合的领域 / 工作

可衡量绩效表现的工作

追求挑战的人总是迫切地想知道自己是否成功了。他们最适合那些需要短时间内付出最大努力，并且最终有明确结果的工作。具体来说就是，他们需要通过数据来衡量自己付出的努力，比如年度销售目标、畅销书排行榜排名、新增客户的数量或者签订合同的数量等。如果他们长期处于一个以过程为导向的工作中，不能明确地衡量自己的成功，也无法获得明确的结果反馈，他们就会失去热情。他们不适合从事长周期马拉松式的工作。

工作结果可量化的岗位

明确而公开的目标有利于提高效率，这种方法尤其适用于有追求挑战型动机的人。这就是为什么他们非常适合销售和业务开发的工作。另外，能够在短时间内取胜，并且能明确展现出他们个人贡献的工作，也能激发他们的动力。然而，要注意防止他们在挑战中迷失自我，忘记自己最终的目标是为组织的成功做出贡献。

有挑战性的工作

"我不知道这样是不是行得通，但是……"这句话对有追求挑战型动机的人来说仿佛有魔力。如果你想让他们加入你的团队，你只需要告诉他们，这件事情他们可能做不到，然后他们就会立马完成它。他们喜欢先放手做，边做边思考。然而，这也意味着他们有时会头脑发热。因此，建立明确的工作流程对他们的长期发展和成功至关重要。

克服困难型：渴望战胜困难、劣势和反对意见

你的驱动力来自克服困难、不利局面或者反对意见，并赢得胜利。

在高二的一场篮球比赛中，我忽然感到背部有点刺痛。起初，我以为可以通过伸展身体来缓解它，但是刺痛并没有消失。那天深夜，

我因为背部的剧烈疼痛醒来，我的双腿已经无法动弹。我从床上翻到地上，爬到走廊，在那里大声呼喊我的父母。然后，我很快就被送到了当地医院。

在做扫描时，医生发现我的腹部有一个肿块：一块肌肉因罕见且危险的感染而肿胀，正紧紧地挤压我背部和腿部的主神经。医生对于我是否能活下来有很大的不确定性。实际上，我的感染很严重。医生对我父母说"他或许还有救"，这是你永远不会想听到的话。谢天谢地，在接受了一轮密集的抗生素治疗后，我的感染消失了。我刚到医院的时候是一位身高190厘米、体重84千克的运动员，而现在却只剩下不到60千克了。此外，我的下半身几乎失去了所有肌肉，我的腿不能移动，更不用说打篮球了。那时，篮球是我的最爱。我难以承受要告别这项运动的痛苦。所以，我决定要证明他们是错的。在接下来的六个月里，我参加了一项非常痛苦的物理治疗，因为我在尝试走路时会疼得忍不住尖叫，所以我就独自一人去接受治疗。经过几个月的不懈努力，我又学会了走路，通过锻炼肌肉我恢复了体力。那年秋天，我入选了大学篮球队。在第二个赛季，我每场的平均得分是20分和10个篮板，我被当地教练评选为"年度区域最佳球员"。

我讲这个故事不是为了重现当年的辉煌，真的，那段时光一点也不辉煌。相反，我分享这个故事是为了证明克服困难型动机是如何引导人们克服巨大的困难，并向否定自己的人证明他们错了。

过程胜于结果

有克服困难型动机的人渴望战胜困难、劣势和接纳反对意见。他们的动力不是来自任务的完成，而是来自坚持与"敌人"作斗争的过程。他们有时认为自己是弱者，要面对一个比自己更大更强的对手。在分享自己的故事时，他们的重点在于自己如何战胜困难。换句话说，他们关注的不是他们要做什么，而是要克服什么。让他们兴奋的不是最终的结果，而是征服困难的过程。

绝不放弃

具有克服困难型动机的人往往态度非常坚定，他们会在别人已经放弃了很久之后依然坚持不懈。他们的动力来自持续地全力以赴。他们会在某个别人已经放弃很久的项目上坚持，或者想要解决一个看起来几乎无解的问题。事实上，他们不能也不愿意承认自己的失败，即使事实就在眼前。因为他们无法理解自己为什么不能战胜这个困难。他们很擅长解决难题。如果你需要找个人去帮你处理一个无法解决的难题，他们就是最佳人选。毕竟，他们最关心的就是如何排除困难，而不是简单地获胜。

不容易被吓退

那些被克服困难型动机驱使的人是能够帮助你完成任务的人。事实上，事情越困难，他们越有动力。你不需要强迫他们，因为他们会自愿面对困难。面对恐吓手段，他们不仅不会退缩，反而会勇敢面对。当很多人对不公正、种族主义或其他歧视现象袖手旁观时，他们会主动跳出来。他们能从斗争中获得力量。

善于发现问题

这些人也非常善于发现他们成功路上的阻碍，以及如何克服这些阻碍的方法。因为他们对常见问题非常敏锐，善于抓住别人忽略的信息，比如潜在的市场竞争者或研究中可能存在的缺陷。他们能找到阻碍自己的障碍，并且克服它。

克服困难型动机的弊端

对于以克服困难为首要动机的人来说，他们身上既有这个动机所带来的诸多优秀品质，也伴随着一些消极的特质。

给周围的人带来压力

具有克服困难型动机的人能够应对高水平的压力。事实上，他们经常会主动寻求压力，因为他们能从应对压力中获得力量。然而，他们很可能会忽视自己对压力的渴望，也会让依赖他们的人感到压力很大。如果他们是团队的领导者，他们对更大更具有挑战性的困难的追求，可能会让那些不能从压力中获得力量的人感到焦虑。

试图制造或夸大问题

仅仅为了有困难可以克服，他们可能会制造一些根本不存在的障碍。或者，他们可能会找出与他们对立的"敌人"，并且试图战胜他们。因此，被克服困难型动机驱动的人倾向于夸大问题，以便制造一种错觉，让别人感觉他们正在解决一些看似不可能的难题。他们也可能会夸大事实，让一项成就听起来比实际上更令人惊讶。

> **克服困难者的公敌：**
> - 行业霸主；
> - 不认真工作的同事；
> - 毫无意义的规定或组织结构。

过分好斗

把克服困难作为首要动机的人更倾向于选择面对问题而不是妥协。但是，如果失败了，他们可能会责备别人；或者，如果事情没有按原计划进行，他们可能会把队友丢在一边。例如，某创意公司的设计师似乎从来都不喜欢听同事们给她提出的任何见解。每当她的同事表达出自己的想法，她就会迅速指出其中的缺陷，根本不给大家思考的时间。最终，每个同事都变得顾虑重重，不愿分享自己的想法。这位设计师一心想要找到问题，并且克服困难；而她的行为却压制了其他团队成员公开表达自己想法的意愿。

难以放松自己

具有克服困难型动机的人经常处于紧张状态下，他们随时在寻找下一个战场。虽然他们不取得胜利决不罢休，然而，就算真的胜利了，他们也会立刻开始寻找新的困难来发起进攻。他们无心庆祝胜利，因为他们不是正在迎战困难，就是在寻找下一个困难的路上。

与具有克服困难型动机的人一起工作

准备好面对冲突

具有克服困难型动机的人可能会这样说：

- "你的想法存在问题，那就是……"
- "不要跟我说我不能做什么……"
- "谁也无法给我提供我需要的东西……"

他们的行为模式是先对抗，然后再提问。他们并不是针对你，他们就是很容易随时随地看到问题。因此，要让他们意识到你是和他们站在同一个阵营的，虽然你对如何实现目标的想法与他们的想法有冲突，但是你们想要的结果是一致的。试着帮助他们认识到自己可能正在小题大做，与他们聊聊自己的感受，让他们明白他们的动机是导致冲突的根源。尽量以合理的方式处理冲突，不要掩盖团队的努力。用专业的术语定义有冲突的问题，避免他们把冲突指向某个"假想敌"。分析具体是哪些观点导致了冲突，明确你们的分歧点在哪里，但也要找到你们的观点之间的共同之处，这样他们就不会过分夸大冲突的程度。最后，确保冲突是只对事不对人的。

不要介意他们好斗的本性。他们和你发生冲突，可能是因为喜欢你（因为他们确实如此）。要认识到他们鲁莽的行为和攻击性的言论并不是针对你，而是针对他们脑海中的那个"假想敌"。你的防御措施只会导致冲突的升级；相反，你可以说："我知道你不喜欢我的想法。我们能不能先确定一下你同意的部分，然后再讨论我们之间的分歧？"

关注自己的压力状态

被克服困难型动机驱使的人可能会给你们的关系带来压力。你需要提前意识到这一点，避免他们的动机左右你们的交流。你还需要辨别出他们是否在无中生有地制造问题，是否把你当作斗争的对象。此外，要避免他们的压力影响到你的工作。有克服困难型动机的人可能意识不到你们之间的差别，他们会认为你和他们一样对战胜阻碍充满热情。不要让自己卷入他们的个人矛盾中，要保持客观性，引导他们走向正确的方向。

坦诚相待

如果你对他们坦诚，你就会赢得他们的重视和尊重，他们也更容易接受你的建议。不要把你的想法强加给他们,也不要直接给他们制造障碍。你需要做的是在他们做错事的时候,明确告诉他们正确的方向。此外,为了避免他们把其他人也牵扯进不必要的工作中,可以设置截止日期,或者指出他们不切实际的想法。你需要让他们保持合理的时间规划和预期目标。在他们眼中,最大的激励就是你能看到他们的雄心壮志,并且帮助他们以自己的方式实现目标。

明确共同利益

拥有克服困难型动机的人通常会抱有一种"我与世界为敌"的态度,这也让他们成为追求正义的孤勇者。他们会认为自己是弱者,经常感觉孤立无援。如何避免他们陷入这种思维定式?你可以让他们意识到自己的努力是为了大家的共同利益,他们的贡献是团队努力的重要组成部分。

战胜自我

他们有强大的自我控制能力,能让自己在困难面前始终保持镇定自若。与其说他们在战胜困难,不如说他们是在战胜自己。你需要让他们意识到有些困难可能会超过他们的能力极限,影响他们的日常生活和工作。他们是真的遇到了困难,还是仅仅为了体验克服困难的感觉?引导他们把动机用到更有意义的地方。你要帮助他们保持平和的心态,即使是在与困难斗争的过程中也是如此。

适合的领域 / 工作

长期面对困难和具有挑战的工作

有克服困难型动机的人不是短跑运动员,他们更像是马拉松运动员。激励他们的是斗争本身，而不是结果。创建公司、推动政府政策改进或者领导非营利组织，这类工作都很适合发挥他们的价值。无论做什么工作，他们都需要一个伟大的事业目标，并且扫清前进道路上的障碍。

有明确"对手"的工作

他们总是抱有反对的态度。一旦他们认为只有自己才能纠正一个重大错误时，他们就会竭尽全力，因为他们找到了明确的"对手"。例如，他们发现自己的竞争对手企业不坚持"客户至上"的理念，就会把它们作为"对手"。

负责人

将克服困难作为首要动机的人对别人无能为力或者悬而未决的难题都很感兴趣，例如，改革企业文化或调整组织结构的工作。虽然他们有时可能会拖沓或者不够灵活，但是他们绝对会完成任务，而且在任何时候都坚持明确的立场。

实现目标型：始终关注保持条理、列出清单和完成任务

面对最终的工作成果，你知道要圆满完成自己的工作任务，顺利实现目标，你的动机就得到了满足。

当伊丽莎白进入商业工程领域时，她立即意识到找到了自己的职业归宿。她在工作中最关注的就是保持条理、列出清单和完成任务。她的工作内容是将大目标拆解成更容易实现的小目标，推进项目进

程。"我喜欢工作清单,没有它们我就没法工作。"她说,"让我专注于工作的原因就是,我知道自己只有一个小时的时间……那么我就要赶快完成工作!"

在伊丽莎白的动机密码中,实现目标是她的首要动机——这个动机是关于如何完成任务的。

关注最终结果

推动事情到达终点线是具有实现目标型动机的人最主要的驱动力。当他们看到成品或者工作成果,知道自己的工作已经圆满完成,目标顺利实现了,他们的动机就得到了满足。因此,对他们来说,规定完成任务的时间点至关重要。他们偏好有明确时间节点的工作,例如接收客户的项目或者解决特定问题。他们不适应那种历时数月或数年的长期项目,例如在法务部门或者培训和人力资源开发部门工作。

过程导向

被实现目标型动机驱使的人往往在最开始就能预料到成功的结果。他们总会以最直接的方式成功冲向终点。他们的力量来自完成工作任务,而不是工作的过程。因此,他们非常效率,并且是过程导向的。对他们而言,拥有一个高效的系统更容易使他们获得成功。这也是他们喜欢工作清单的原因,因为每完成一件事,就意味着他们离目标又近了一步。

干劲十足

实现目标型动机的人干劲十足,不达目标不放弃。他们会为了实现目标而熬夜或者连续工作几周不休息。因此，他们的工作劲头也会带动周围的人更快更努力地工作，尤其是当他们意识到目标就在可及的范围内时，他们会更有动力。然而，虽然他们能为组织贡献很多短期胜利，但是长此以往，他们也会给组织制造出一种高压环境。

组织的最大贡献者

把实现目标作为首要动机的人能为组织办成很多事情，所以经常是组织中的最大贡献者。他们对工作的坚持和努力广受赞誉。他们的时间不会花在纸上谈兵上，他们会埋头工作，推动事情向前发展。

实现目标型动机的弊端

具有实现目标型动机的人能够推动项目的前进，并且为组织创造巨大的价值，但是也有一定的弊端。

一叶障目

因为他们太专注于把眼前的工作做好，所以会忽视那些能够创造更多价值的机会。他们最原始的动机就是以最高效的方式推进项目以实现目标。他们会沉浸于推进眼前的工作，而不关注长期的问题和其他可能性。

不完成任务，绝不放松

对于那些被实现目标型动机驱动的人来说，只要他们知道有工作要做，哪怕成功就在眼前，他们也不会有丝毫松懈。他们觉得除了为实现目标而努力以外，做任何事都是在浪费时间。他们期望能够带动团队的其他人一起努力，让其他人和他们一样，不达目的决不罢休。

但是他们的行为也会给团队带来紧张的气氛。

例如，对于某位有实现目标型动机的运营经理来说，即使有团队成员请病假，她也不会降低对团队的要求。她不愿意因为团队人手不足就降低工作效率，最终会让团队成员身心俱疲，而她也会失去人心。

容易犯错

为了实现目标，他们倾向于快速完成工作，但是这样做也会容易忽略细微之处。他们的最终目的就是完成目标，在这个过程中他们追求事半功倍的方法，甚至不在乎工作质量欠佳。这种情况确实值得关注，因为尽管他们的办事速度快，但是工作质量可能达不到团队标准，这会给周围的人制造麻烦。他们的态度是，任务清单上有什么，他们就做什么。

当计划发生变动时，他们很容易生气

具有完成目标动机的人通常不能容忍任何阻止他们前进的事情。因此，他们认为会议和低效的办公系统是无用的，甚至是他们实现目标的阻碍，并希望彻底摒弃这些手段。他们也可能对任何打乱他们一天的时间安排或者要求他们改变计划的人发脾气。任何妨碍他们完成任务的事情都会引起他们的愤怒。

和具有实现目标型动机的人一起工作

将实现目标作为首要动机的人对团队来说非常有价值。他们是项目的某些阶段中不可或缺的部分。比如在项目后期，在这个阶段就非常需要他们推动项目的持续发展。同时，要适当地让他们停下来，从

而发现新的机遇或者变化。

拓宽视野，关注未来

因为我们难以衡量那些长期目标的具体时间节点，所以拥有实现目标型动机的人会更倾向于关注规定时限较短的项目。因此，他们可能会为了实现短期目标而牺牲长期价值。你可以询问他们在决策中是否存在这类情况，不要告诉他们该做什么，而是要帮助他们拓宽视野。你要与他们探讨未来的计划，比如下一年的目标，或者其他引导他们关注未来的话题，让他们不要时刻盯着眼前的事情。然后，让他们思考目前的活动将如何帮助他们实现这些目标。

如何引导一个有实现目标型动机的人走出狭隘的视野：

- 你明年的目标是什么？
- 你有什么个人发展目标吗？
- 去年你读过的最好的书是什么？它对你有什么影响？
- 如果你打个响指，就可以实现一个愿望，那你希望在下一个季度看到什么变化？

讲求实际

具有实现目标型动机的人难以容忍理论层面的对话，他们更喜欢谈论实际的方法和策略。因此，需要帮助他们把大目标拆解成具体的小目标，让他们能够更好地在工作中保持投入。建立一些明确的时间节点，让他们可以一边向前走，一边庆祝目标的实现。他们的胜利应该以天或周来计算，而不是以月或季度来衡量。

鼓励他们寻求帮助

具有实现目标型动机的人会为了完成项目而不惜一切代价。但如果他们承担了一项自己不能胜任的任务，他们就会比别人更容易精疲力竭。他们需要区分哪些工作适合自己，哪些工作应该留给别人。

了解他们的情感和精神需求

个人发展、自我关注、情感关系和友谊是难以衡量的。具有实现目标型动机的人可能会下意识地逃避这些方面的问题。因此，有必要与他们讨论一些与工作无关的目标，这些目标可能是他们在追求目标的过程中忽略了的问题。与他们讨论如何将这些目标融入日常生活和每周计划中。

具有实现目标型动机的员工需要做的五件非工作事情：

- 在接下来的六个月里，以娱乐为目的，读五本与工作无关的书。
- 制定下一个季度的健康目标（例如减掉五斤、跑五千米等）。
- 每周与同事共进一次午餐，期间只讨论非工作话题。
- 从下个月开始要遵守规定的就寝时间，即使在最后一刻还有几封电子邮件没有发完，也不要违反规定。
- 在午休时间散散步、听听音乐，让自己平静下来。

适合的领域 / 工作

项目管理

具有实现目标型动机的人喜欢不断推动事情的发展，他们非常适合管理工作进程类的工作。然而，他们也需要周围的人帮助他们顾全大局。在朝着目标努力迈进的过程中，他们的关注点会有局限性。

聚焦短期任务的工作

他们的主要满足感来自完成项目，所以他们喜欢任务明确且能够快速完成的工作。如果一个项目耗时较长，又很少有定期检查，并且项目结果不容易衡量，那么他们可能很快就会失去兴趣。然而，当一个项目有明确的目标和清晰的时间框架以及规范的实施方法时，他们就会成为推动工作向前的驱动力。

与"梦想家"们合作

那些把实现目标作为首要动机的人擅长把别人的愿景变成现实，因为他们知道如何执行计划并顺利实现目标。他们所擅长的工作恰恰是"梦想家"们所不擅长的。因此，当"梦想家"凭借直觉勾勒出美好未来时，具有实现目标型动机的人会帮助他们将愿景变为现实。

一往无前型：相信不断变化才能建设一个更美好、更有希望的世界

你喜欢在完成一系列目标后取得进步的感觉。

查尔斯·凯特林（Charles Kettering）被同时代的人称为"进步的先知"。他是一位美国发明家和工程师，现代汽车中仍在使用的许多功能都出自他的发明，包括电动发动机。

他认为技术进步等同于人类进步。他曾经调侃道："我反对人们贬低未来，因为我将在那里度过余生。"他认为，不断变化是建设一

个更美好、更有希望的世界的唯一途径。他说:"你永远不会站在原地不动。""你走得越快,脚趾越容易受伤,但成功的机会也越大。"

凯特林是具有一往无前型动机的人的代表。

一心向前

将一往无前作为首要动机的人喜欢体验不断进步的感觉。他们只要感到自己在不断向前走,就会怀着对工作的信念全身心地投入到工作中。但是,一旦进展不顺利或陷入停滞,他们就会完全失去兴趣。因此,无论多小的项目,只要它明确且具体(有项目期限和规范流程),就会给他们带来前进的动力。

同样地,那些有一往无前型动机的人会不断地提升自己。他们渴望获得个人进步,持续的个人成长会让他们保持专注并且精力充沛。他们很可能每天都在为自己的健康、继续教育和财务进行规划。

问题解决专家

具有一往无前型动机的人喜欢解决问题,尤其是长期积累的复杂问题。然而,他们对优化或维护系统不太感兴趣。因此,他们往往能先人一步,迅速明确需求并提出解决方案。因为他们总是保持着兴奋状态,对随时涌现的机会非常敏感。在孤立无援的情况下,他们会靠自己的力量解决问题,并且在问题解决后立刻跟上同事的进度。

执行力强

那些有一往无前型动机的人有很强的执行力,他们不是空想家。相反,他们非常务实,会积极地将自己的想法付诸行动。他们追求办事效率，不会把时间浪费在犹豫不决上。他们会选定一条路线，然后开展一系列行动来实现目标。

灵活应变

具有一往无前型动机的人能够随机应变。他们知道自己要做什么，也知道应该怎么做，根本不需要等待别人告诉他们。对他们来说，时间和资源不足不是阻碍他们向前的借口。

一往无前型动机的弊端

与其他动机一样，一往无前型动机也会有一些弊端，会成为具有这种动机的人前进的阻碍。对于前进的渴求可能会让他们忽视当下的机会。

难以享受当下

具有一往无前型动机的人总在思考未来，他们总是在想下一步采取什么行动、下一段对话该说什么，以及下一个要解决的问题是什么。他们难以接受维持现状，因为他们的思想是流动的。因此，他们也很难在同一件事上保持专注。

难以满足

具有一往无前型动机的人往往难以对自己拥有的一切感到满足。相反，他们始终觉得自己应该朝着未来前进，取得更大更好的进步。这种想法会让他们总是生活在不安中，也让其他人很难与他们进行专业交流和人际互动。

只顾前进，不问对错

相比把任务清单上的事情做对做好，具有一往无前型动机的人更看重能否把任务清单上的事情做完。换言之，他们关心的是效率而不是效果。他们的心中只有前进，不问对错。例如，一位非营利组织的战略专家曾向我抱怨，他的领导一心只关注所谓的"下一个项目、未来的思路和组织的愿景"，以至于经常错过一些重要的细节，而且手头工作也做得马马虎虎。因此，他的团队总是在忙于执行他最新的想法，这给团队带来了诸多问题，例如工作质量大打折扣、因为重要工作细节有疏漏而返工或者工作方向与组织战略不符等。

把人看作手段而不是目标

在实现目标的过程中，他们可能会忽视同事和合作者的个人需求，单纯将他们视为一种完成工作的手段。在管理中，他们会更关注下属对组织的贡献，而不是他们的个人成长和职业发展。

> **具有一往无前型动机的人会说：**
>
> - "这个月的每个周末都要工作吗？没问题！这样我们就能一口气把工作做完！"
> - "我们下一步做什么？"（虽然现在的事还没有做完）
> - "我们已经足够接近目标了，让我们继续前进！"
> - "我们的未来在哪里？"（永远关注未来）

不愿意做维护工作

他们渴望获得更多更好的机会。他们会挑战一些自己力不能及的工作，甚至不惜以组织利益为代价。因此，要控制他们使他们在自己的能力范围之内工作。

与具有一往无前型动机的人一起工作

教会他们融会贯通

如果说拥有一往无前型动机的人是千里马，那么能够理解他们的动机，并且引导他们把手头的任务和目标联系起来的管理者就是伯乐。因此，你要给他们提出明确的要求，不要拐弯抹角或模棱两可，这会让他们觉得你是在浪费他们的时间。否则，他们会按自己的方式来完成工作，甚至不惜以自己和他人的利益为代价。但是，如果他们觉得你能理解他们的动机，明白他们会为了前进而全力以赴，你就会赢得他们的信任和追随。

制造前进感

不要让具有一往无前型动机的人产生停滞不前的感觉。你可以通过给他们设定预期和任务节点来增加他们前进的感觉。另外，需要让他们明确自己在项目中要完成的每件任务的顺序。

不容忍不合格的工作

进取心强的人更看重的是前进的过程，而不是最佳的结果。因此，作为他们的领导，你不能允许他们把工作进度置于工作质量之上。相反，你需要让他们理解你期望的最佳结果是什么，让他们以此为目标，并且鼓励他们坚持下去。

不要过早提拔，分配的任务不要超过他们的能力范围

他们往往被称为组织内的"得力干将"，会被委以重任。无论他们是否具备执行这些项目的能力，他们都会被组织分配到规模最大、最具挑战性的项目中。他们总是想要承担一些自己能力之外的任务。因此，对他们的培养要有耐心，不要急于提拔。要在充分确认他们能够胜任之后，再分配任务。

明确问题本质

如果他们认为当前的工作流程效率低下，就会试图绕过流程，甚至不顾组织规范，完全按照自己的方法行事。然而，遵循当前的工作流程肯定是有原因的。他们需要明白为什么要采用现在的流程，以及为什么要保留这些流程。如果他们能够透过现象看到本质，就能在处理问题时更加宽容。

适合的领域 / 工作

进度比准确性更重要的工作

具有一往无前型动机的人在需要快速执行的工作中表现优异，例如项目早期的开发阶段、头脑风暴中和预算有限的初创型公司。他们的主要动机是不断向前推进工作。在他们眼中，关注细节是一种浪费时间的表现，会降低他们的动力。因此，他们不太适合担任需要被严格监管或者不容犯错的工作，例如军队领导和外科医生。

要求灵活应变的工作

具有一往无前型动机的人不会坐等别人告诉他们怎么做——他们

会主动想办法。因此，他们倾向于选择需要学习新技能的工作。然而，他们并不想要精通这些技能，只要学到足够的知识能应付工作，他们就会转向下一个目标。

看重目标的工作

当有明确的前进方向时，具有一往无前型动机的人就会活跃起来。他们迫切地想知道如何获得下一次的晋升机会、如何赢得下一个客户以及如何赚取下一桶金。一旦有了自己的目标，他们就会全身心投入到工作中，直到实现目标。但是，这也可能会导致他们始终不满足于现状，不愿意付出。

写给具有实现者型动机的人的忠告

动机密码中具有实现者型动机的人始终在攀登高峰。在任何困难面前，他们都会努力完成任务。如果你是这样的人，那么你可能始终在准备追求挑战。如果没有挑战，你就会主动寻求挑战。你在规划自己的生活和工作时，可以参考以下这些建议。

关注自己的压力水平

你总是有太多的事情想要完成。但事实上，你需要理性地分析自己的能力，了解自己到底能承担多少工作。同时，你要保证规律性的休息，保持良好的人际交往，不要在追求目标的过程中累垮自己。你要记住，持续保持动力才是关键，不要过早地把自己消耗殆尽。你不是机器，所以不要像对待机器一样对待自己。

保持长期目标，耐心地朝着目标努力

你倾向于追求短期的成功，也容易忽视长期的、难以衡量的目标。你需要一个人性化的任务清单来激励自己，衡量你的每一次进步，也防止为了眼前的利益而牺牲最重要的事情。

不要让你的野心超过你的能力

对你来说，完成能力范围之外的工作很有吸引力。然而，有雄心壮志固然重要，但你也应该明白，每个人都有短板，要避免在一件事情上钻牛角尖。你需要那些能够帮助你辨别哪些机会适合你、哪些机会你可能还没准备好的人的协助。接受自己还没有准备好的事实，这并不是一种失败，而是一种智慧。

带动周围的人

当你准备参与一个重要的大项目时，别忘了带动周围的人和你一起努力。虽然独立完成工作可以避免不必要的人际冲突，但是出色的工作大多是由团队完成的。你可以通过别人的视角优化自己的工作。你需要一个团队来拓宽你的眼界、提高你的技能、点燃你的激情。

第 5 章

享受与人交往、凝聚团队力量的"黏合剂"

共同特征

- 与他人一起朝着共同的目标而努力,并从中获得力量;
- 了解并乐于满足他人的需求;
- 愿意为了完成团队目标而承担额外的工作;
- 想变得比现在更强大,或者成为精英群体中的一员。

有些人天生喜欢和人打交道。他们享受与人交往的感觉,喜欢合作和互动。在会议、头脑风暴和团队培训一类的活动中,他们会表现得积极活跃、精力充沛,他们就是具有团队成员型动机的人。这个类型的人乐于为别人服务,他们甘愿衬托队友的光芒。他们不需要过分的关注,也毫不吝啬对别人的赞美。

如果你的动机密码中包含团队成员型动机,那你可能会非常关注他人的利益,这一点在团队中体现得尤其明显。你希望和队友们一起努力,并且为团队做出自己的贡献。你的力量来自关心别人、实现目标和影响他人的行为。

团队成员型动机类型包括四种类型的动机:

- 团结协作型;
- 融入组织型;
- 服务他人型;
- 制造影响型。

团结协作型：渴望团结一致，为实现宏伟目标努力奋斗

你喜欢和大家一起朝着共同的目标而努力奋斗。

看着我十几岁的女儿做作业是一件非常奇妙的事情。很久以前，我在上中学的时候，总会把自己锁在房间里，独自做作业到深夜。如果没有参考答案，或者不知道如何解答某个问题，我就会等到第二天去学校请教老师。与我不同的是，我女儿从不单独做作业。她会坐在餐桌旁，和朋友们一边视频通话，一边做作业。她们不会直接告诉对方答案，但是会启发对方，直到一起得出答案。每个人都能听到对方的思路，这也使得她们在考试中获得了更好的成绩。这就是典型的团结协作。

团队的胜利就是个人的胜利

受实现者型动机激励的人重视个人成就，而团结协作型动机则驱使人们更关注团队的成功。在团结协作者的眼中，最大的成就往往都与团队的共同努力、朋友情谊和患难与共相关。在分享自己的成就时，他们经常会用"我们"作为主语。例如，"然后，我们做了……"或"我们决定……"。他们更关注团队的成果，而不是自己的付出。这是他们的共性。

渴望被接纳

合作是具有团结协作型动机的人展现自我的机会。对他们来说，最大的满足感来自被团队接纳。他们渴望为团队贡献自己的力量。与其说他们为团队做出了重要的贡献，不如说他们的加入才是团队实现目标的关键。

团队至上

团结协作者也是伟大的关系建立者。为了做得更好，他们会努力了解一起共事的人，试图明白他们的需求。他们是无私的，会为了团队中的其他成员而牺牲自己的利益。这样的人非常忠诚，当有人诋毁他们的团队时，他们会毫不犹豫地挺身而出，全力捍卫自己的团队。

团结协作型动机的弊端

低估自我价值

那些把团结协作作为首要动机的人往往对自己提出过高的要求，他们对自己的期望远高于实际。他们努力从团队中找到自己的价值。这些人会觉得有必要淡化自己的成功，以免掩盖他人的成就。出于这个原因，他们不在乎个人利益，也不计较个人得失，因为他们只想成为一名优秀的团队协作者。

失去独立的自我

团结协作者更看重整个群体，而不是群体中的个人。他们的自我认同会受到团队的影响，这意味着他们的自我价值感会随着团队的成功和失败而波动。这种认同感可能让他们如虎添翼，但也可能在团队进展不顺利的时候，让他们陷入恐慌。事实上，在团队中，他们能掌控的方面非常有限。如果他们过分认同团队，他们就会感到自己的生活和工作是被他人控制着，而非自己所能左右。

超负荷工作

作为团队成员，具有团结协作型动机的人迫切希望为团队贡献自己的力量。然而，这种动机会导致他们超负荷工作，以至于感到倦怠或是工作效果不佳。他们通常会主动承担别人不愿意做的工作，这也给他们在无形中增加了许多额外的工作量，让他们无法将精力集中于自己的本职工作上。

排斥性格独立的人

因为他们的心思都在团队上，所以很难理解那些只关注个人成就的人。因此，他们可能会对那些不关注集体利益的人产生偏见，稍不留神，就可能引发冲突。

逃避问题和冲突

团结协作者往往会尽力避免做出任何可能破坏团队和谐的事情。即使有必要进行争论时，他们也会尽量避免与他人发生冲突。然而，这种和谐的关系在大多数组织中是不现实的。有人的地方，就有江湖。由于人们会把自己独特的见解带到工作中探讨，因此思维的碰撞必然会带来分歧。团结协作者总会试图掩盖或者平息冲突，尽管这种方法不一定是最佳的解决方案。

与具有团结协作型动机的人一起工作

经营你们的关系

请记住，团结协作者对结果不太感兴趣，他们更在乎过程，因为在过程中要进行人际互动。如果想要拉近和他们的关系，你就要让他们感到你在朝着团队的目标努力。首先，你可以向他们征求意见。如果你们的观点有分歧，就积极与他们讨论。其次，还可以和他们一起参加团队建设，或者邀请他们共进午餐，边吃边讨论。他们看重的不是自己的想法是否被采纳，而是自己在决策过程中是否被重视。

建立相互关系

虽然许多管理者喜欢给下属的工作提供直接的支持,但是具有团结协作型动机的员工非常看重关系互动的意义。为了满足他们的关系需求,你可以设法让他们给你提供帮助,以此来建立相互关系。例如,在做重要决策时,询问他们的意见;或者给他们分配独当一面的工作,让他们感受到你看重他们的付出。

小组讨论效果更佳

虽然一对一更容易建立私人关系,但是团结协作者更适合参与小组讨论,因为团队是他们力量的来源。相比一对一的交流,他们会在团队中表现得更努力、更积极。小组讨论更能激发团结协作者的活力,你可以在他们的工作中优先安排小组讨论。

正确对待个人和集体的身份

团结协作型动机会让人们过分专注于集体而失去自我。他们有时虽然有不同意见,但是不会在团队中表达出来。如果你发现他们有这种问题,那么不要在公开场合揭穿他们,而是私下找机会和他们交流,了解他们的个人目标。你要鼓励他们认可自己的个人成就,不要为了获得集体的认可而淡化个人的功劳。虽然在他们眼中集体的利益高于一切,但是认可自己和他人对团队做出的贡献也很重要。

激励团队协作者的三种方法:

- 认可他们做出的贡献(要针对具体的贡献),并与其他团队成员一起为之庆祝;
- 扩大重要工作的讨论范围,邀请团队协作者参与重要问题的讨论;
- 允许团队协作者在项目中自由组建团队。

用坦诚的对话化解冲突

将团结协作作为首要动机的人倾向于尽快平息冲突。然而，这并不能彻底化解根本矛盾，只是暂时性地掩盖问题，而后续可能会导致更激烈的冲突。因此，你需要让团结协作者学会如何正确地化解冲突，帮助他们理解恶性冲突和良性冲突的区别。恶性冲突通常是指人际间的摩擦，而良性冲突则是观点和目标的差异。恶性冲突是为了争论是非对错，而良性冲突则是为了探讨如何正确解决问题。恶性冲突通常会持续数天甚至数周，而良性冲突则是短暂的，很快就可以得到化解。

明确工作任务

团结协作者经常会挤占自己的工作时间去做一些额外的工作。因此，管理者需要确保有团结协作型动机的员工把有限的时间和精力都花在自己的本职工作上。我们偶尔都会被迫做一些自己不愿意做的工作，但是团结协作者却对这些额外的任务格外有热情，对周围人有求必应，但也因此给自己增加了许多压力。

适合的领域 / 工作

高效运作的团队

团结协作型动机驱使人们为了一个共同的目标与他人一起工作。当团队成员之间高度信任并且互相尊重时，团结协作者就会变得非常活跃。当团队运作出现问题时，团结协作者会积极承担起自己的责任，独自尝试改变现状，但也会让自己精疲力竭。他们会不顾一切地全力以赴。当团队高效运作时，他们会从团队中获得力量，会尽全力把工作做到最好。

项目式的工作

团结协作者更看重和其他人一起努力获得的成功，而不是靠单打独斗赢来的胜利。因此，需要独立完成的任务会降低他们的工作动机。最适合他们的工作方式就是让他们在团队中与其他人一起努力，并且随时跟进项目进展。例如，管理者可以为他们提供开放的办公空间（例如开放式办公室），方便他们随时与团队成员进行交流；或者要求大家在即时通信工具中时刻保持在线，方便他们随时随地进行沟通。

贾森是一家金融服务公司的中层管理者。他总是在一年中的某些特定时段陷入焦虑情绪，然而他并不知道自己为什么会这样，只是隐约感觉这种焦虑情绪与季节转变或者工作压力相关。今年的第一季度，他的主要工作任务是帮助几十位客户完成纳税申报单。他需要独立完成大部分工作，甚至几乎不需要与团队交流。有趣的是，并不是纳税申报的工作让他感到困扰，实际上他很喜欢这份工作，因为他非常喜欢这种解谜一样的工作性质。然而，随着时间的推移，他逐渐意识到让他感到焦虑的根源是整个季度中被孤立的感觉。在一年中的其他季度，整个团队会进行计划制订、客户开发、头脑风暴等一系列活动，这些需要大家的参与和互动。但是，一旦纳税季来临，一切工作就都要由个人独立完成。

当贾森意识到这一点之后，他就知道了如何更合理地规划他在纳税季的工作。他会有意识地参与一些与工作相关的社交活动，比如与同事共进午餐、组织面对面汇报以及参加其他类型的工作交流。虽然他还是会经常感到孤独，但是工作互动给他增添了些许活力。

目标远大的工作

团结协作者总是把集体看得比个人更重要，所以只要他们觉得为组织的付出是值得的,他们就会全力以赴。他们将组织的目标置于个人目标之上。他们渴望团结一致,为实现宏伟目标努力奋斗。在他们心中,一个伟大的梦想最能团结一个组织。

融入组织型:努力加入心仪组织,是团队中最忠诚的队员

你想要努力提升自己,让自己进入某个心仪的团队,并获得团队的认可。

在成长过程中,斯科特最大的愿望就是成为一名"雄鹰"童子军。这是童子军中最出色、也是最难达到的级别。去年,只有大约6%的童子军符合条件,最终获此殊荣。斯科特下定决心,不惜一切代价也要实现自己的目标。因此,他利用晚上和周末的空闲时间去参与各类项目、收集各种荣誉徽章。他采用了各种方式,多管齐下,一步步朝着自己的目标迈进。

最终,经过了几年漫长的审查,斯科特终于在18岁生日前被授予"雄鹰"童子军的军衔。对于斯科特而言,真正激励他的并不是这个名号,而是他所融入的精英组织。斯科特的动机密码是他想要成为"雄鹰"童子军的根源,组织的认可让他备受鼓舞。

目标明确

像斯科特一样,那些具有融入组织型动机的人会努力争取达到一定的标准,以获得加入心仪组织的资格。他们渴望被心仪的组织认可,而他们的内在动机也会随着组织对他们的接纳程度而变化。

偏爱高标准的组织

他们对身份的感知往往来自所归属的群体。因此，他们很容易被那些对成员有高标准、严要求的组织吸引，例如童子军或美国国家荣誉协会。在工作和生活中，他们渴望加入高水平的组织，例如知名高校或企业。从名校毕业会让他们感到骄傲。即使仅仅是在某个知名企业中获得一次面试机会，也会让他们感到自豪。

组织（团队）导向

对具有融入组织型动机的人而言，他们最大的满足来自他们在组织中的身份。和团结协作者类似，融入组织者也会乐于承担别人不想做的工作。在遇到困难的时候，他们会主动充当"黏合剂"，把大家联系起来。他们通常会把团队目标置于个人目标之上。同时，他们就像获得团体冠军一样，会对外赞扬自己的团队和团队成员的贡献。他们会毫不掩饰地让别人知道，自己为组织感到多么地骄傲。因此，他们的忠诚也会激励其他人，并感染组织中的其他成员，拉近他们与组织的距离。

规则的捍卫者

把融入组织作为首要动机的人对标准和目标充满了热情。他们深知为了实现目标需要付出努力，所以不能容忍那些漠视规则的人。他们会捍卫团队的标准，并且鼓励其他团队成员共同努力。

融入组织型动机的弊端

具有融入组织型动机的人往往是团队中最忠诚的队员。但是，我们也要注意这个动机存在的弊端。

过分认同组织

与团结协作者一样，融入组织者通常会对团队抱有不理性的极端认同。因此，他们可能会与团队的其他成员格格不入，甚至与团队领导意见不合，从而陷入被孤立的境地，产生抑郁、自责等不良情绪。此外，如果他们的表现没有达到团队标准，他们就会苛责自己。

团队利益高于一切

他们对团队的付出是不惜一切代价的。即使有些牺牲是毫无意义的，他们也在所不惜。在融入组织型动机的驱使下，他们的心中只有团队。他们会把所有的时间都花在帮助团队取得成功上，从而很容易忽视自己的需求。虽然全心全意投入到团队中并没有错，但在日常工作中，我们并不需要如此废寝忘食。

缺乏主见

融入组织型动机会让人无意中陷入群体性思维。这意味着他们可能会缺乏主见，只采纳团队的意见。因此，当他们的个人观点与领导的想法或组织愿景之间存在差异时，他们就会感到很痛苦。

对"合格"和"被接受"的执念

如果他们感觉不到自己在团队中的重要性，就会不厌其烦地自我确认。他们会不断地确认自己在团队中的地位，会没完没了地分享自己的成功经历、炫耀自己的资历。即使他们的工作已经基本完成了，他们还是会不断地询问"你觉得这样做可以吗"或者"怎样才能做得更好呢"。一旦他们在社会或职场中感觉自己被排挤了，就会受到极大的心理伤害。虽然大家都是如此，但是具有融入组织型动机的人的挫败感会更强烈。

与具有融入组织型动机的人一起工作

与具有融入组织型动机的人一起工作时，需要注意如何鼓励他们认识到自身的需求和想法，要帮助他们区分自我认知与团队身份。这里有几个方法可以参考。

明确价值观和价值观的来源

询问他们生活中遵从的最重要的标准是什么，以及这些标准从何而来。让他们思考这些问题可以帮助他们认清哪些组织和标准最适合他们，有利于他们展现出自己的最佳状态。

思考自己工作中时间和精力的分配情况

具有融入组织型动机的人倾向于顺应群体的需求。尤其是当满足群体的需求有利于让自己被组织接纳时，他们会更加努力地服从组织。因此，压垮他们的往往不是工作任务本身，而是他们自己的工作方式。你可以尝试分析一下，他们的工作中有多少时间和精力用于维持队友的好感，又有多少付出是真正为了自己。

增加团队归属感

通过建立标准，明确你们之间的层级关系；再通过共同讨论团队的愿景和特色，让他们感受到自己是团队中必不可少的一分子。明确你对他们的期望，让他们知道你对他们寄予厚望。然后，他们会以全身心投入和高效产出来回报你的期望。此外，可以多让他们参加组织中的会议或团体活动，让他们感觉到自己是团队的一部分。

言行一致

具有融入组织型动机的人对虚伪的行为几乎是零容忍。如果他们觉得你没有达到他们心中的标准或团队设定的目标,他们就不会再尊重你。因此,你要确保言行一致;如果做不到,就坦诚地告诉他们。

避免个人主义偏见

在这一节中,我们指出了过分融入团队和极端认同团队都是不理性的,正所谓物极必反。当然,对组织忠诚有其积极和必要的一面,我们应该取其精华,去其糟粕。虽然渴望融入组织的人可能会为了团队目标而钻牛角尖,但是他们也会在所有人都放弃的时候带领团队突出重围。因此,对他们团队精神的鼓励应该有界限,防止出现过犹不及的情况。

提供团队身份的象征

具有融入组织型动机的人往往都很喜欢运动团体的标志,以此来彰显自己支持的队伍,并且获得归属感。他们总是迫不及待宣布自己是团队中的一分子。所以,经常组织一些团队活动,有助于增强他们与团队的心理联结。

适合的领域/工作

高水准的组织

具有融入组织型动机的人渴望加入优秀的组织。那种在招聘中非常挑剔、优中择优的组织对他们非常有吸引力。例如,他们的目标不是简单地成为军人,而是要加入海豹突击队[①],最好还能成为海豹突击队中的精英成员。他们的动力来自自己所属的团队的价值。

---

① 海豹突击队是美国特种作战部队之一,海豹突击队战士是美国军人的最高荣誉。——译者注

规范化的组织

无论他们在组织中扮演怎样的角色，他们都希望能够和周围的人保持一致的交往方式和行为规范。一旦他们觉得团队领导不值得信赖，就会在情感上脱离这个组织。然而，如果他们看到周围的每个人都在努力遵守规则、按部就班地工作，他们就会产生更强的归属感和组织承诺感。因此，具有融入组织型动机的人通常喜欢就职于法律机构、政府机关、学术院校等组织。

赏罚分明的组织

具有融入组织型动机的人需要时刻了解自己是否偏离目标。对他们来说，及时的反馈至关重要。如果长时间得不到反馈，他们就很难继续保持投入的状态。因此，最适合他们的组织需要具有的特征是，频繁的工作反馈和赏罚分明（例如在团队达到预期目标时及时表扬并积极奖励致力于团队发展的管理者）。

服务他人型：迫切想要了解和满足他人的需求、要求和期望

你迫切地想要了解和满足他人的需求、要求和期望。

我和帕姆一起共事了 10 年。在那段时间里，她总是替我安排日程。只要是她认为重要的事件，例如某些重大决定，她都会提前提醒我。当我需要聚精会神地工作时，她就会尽量避免干扰我。任何事只要托付给她，她就能高效地完成，并且远超我的预期。最重要的是，她是一个伟大的倾听者，会倾听我诉说自己的困扰，还会帮助我寻找解决方案。没有她，我简直活不下去。

帕姆的体贴入微体现了服务他人型动机的特征。各行各业都有这种有服务他人型动机的人。他们可能是公司的 CEO，会在开会的时候给员工提供茶点，还会打电话慰问某个其母亲生病的团队成员；他们也可能是公司中努力指导和栽培新员工的经理。本质上，服务他人型动机让人们对满足他人的需求和推动团队发展充满热情。

快速察觉对方的需求

有服务他人型动机的人通常迫切地想要了解并满足他人的需求、要求和期望，他们甚至会未雨绸缪，提前预测他人的需求。他们经常会观察周围的情况，看看有没有需要他们提供帮助的地方。尤其是在危急时刻，他们总会迅速采取行动，确保每个人的需求都得到满足。

伟大的支持者

他们总会在别人需要时伸出援手，他们会支持你，为你出谋划策，还会给你鼓励。他们往往是伟大的倾听者。当你需要一个能与你共情的耳朵时，他们会是你最忠诚的朋友。作为听众，他们非常值得信赖。他们甚至会不惜一切代价支持你。他们会一直陪伴在你身边。

万事通

只要你有需要，他们就能满足。他们会努力证明自己的价值，并且从中获得力量。他们会主动帮你递上一杯咖啡。会议后，他们还会自愿留下来清理场地。

高度忠诚

他们对自己的组织、团队、朋友、家人和客户极其忠诚。即使你一无所有，他们也会一直陪在你身边。他们会替你保守秘密。对他们而言，最不可饶恕的罪过就是背叛。

追求卓越

他们会为了追求卓越而加倍努力。他们不满足于"刚刚好"的结果，他们迫切地想要满足别人对他们的期望。不论是否有必要，他们都会尽其所能地做到最好，希望对方能够满意。

专注于正确的事情

他们也总是想要站得更高、看得更远。他们关注组织的使命，并试图寻找完成使命的方法。然而，他们有时会失去分寸，逾越自己的界限。因为他们一旦看到需要做的事情，就会不顾一切地参与进去。

服务他人型动机的弊端

对于那些从满足他人需求中获取动力的人来说，也有许多需要注意的问题。

总在询问自己该做什么

拥有服务他人型动机的人很希望帮助别人，但有时候又不知道应该怎么做。除非明确告知他们你的需求，否则他们总是会不知所措。如果他们感觉不到自己的价值，就会情绪低落、无精打采，甚至失去工作的动力。不利的一面是，他们还可能分散团队其他人的注意力。因为他们迫切地想要知道自己能为别人做些什么，为此就会过分关注他人，并且反复寻求对方的反馈。例如，即使给他们分配一项简单的任务，他们也会反复寻求领导的认可。在他们眼中，服务对象的认可就是最大的成功。

他人的需求高于一切

当你的动机是服务他人时,你很容易就会忽略自己的需求。在这个快速发展的动态环境中,总有很多为他人提供帮助的机会。对拥有服务他人型动机的人而言,他们的动力来自满足他人的需求。然而,这也会让他们忘记自身的理想和抱负。如果不能及时纠正这个问题,他们就会渐渐产生怨恨和倦怠的情绪。此外,他们是自愿服务他人的。如果他们觉得自己被利用了,就会对他人产生敌意。

> **具有服务他人型动机的人如何关注自己的需求,可以从以下几个方面做起:**
>
> - 休一个不被打扰的假期。在休假时完全脱离你的工作和团队,然后你就会发现,没有你,世界照样运转。
> - 定时远离你的电子设备。比如早上上班前的一小时不玩手机,或者午餐后的散步时间不回复任何电话和信息。
> - 每天至少分享一次自己的想法。倾听自己内心深处的声音,重视自己的观点。

多管闲事

他们时刻在寻找帮助别人的机会,然而这种行为有时并不受欢迎。即使别人不需要帮助,他们也会过分热情地想要插手。虽然他们觉得自己的付出非常有意义,但在他人眼中可能只是多管闲事。所以,他们会把简单的事情变得复杂。他们过分热情地提供帮助也会给他人带来压力，让人觉得他们不信任自己的能力。因此，在行动之前先获得他人的许可，这一点很重要。

好心办坏事

由于他们太过忠诚，因此很容易被人利用，被迫去做一些坏事。即使他们知道某些事与他们的价值观相悖或者会损害他们的个人利益，他们也会为了满足对方的需求而在所不惜。

自我牺牲

拥有服务他人型动机的人经常会感觉自己被人利用了，或者自己的付出不被他人重视。如果他们感到被忽视或者被冷落，就可能对团队和组织心生怨恨，或者试图破坏团队关系。出乎意料的是，即使他们心里为此感到懊恼，也还是会继续在行动上给他人提供帮助。

与具有服务他人型动机的人一起工作

与具有服务他人型动机的人共事是一件幸事。他们一心想要把事情做好。他们会自告奋勇地承担起别人不想做的工作，因为这样能够体现他们的个人价值，并且给他们带来快乐。然而，我们也需要引导他们将这种美好的动机有效地运用到工作中，避免好心办坏事。下面是一些与他们共事的建议。

有所为，有所不为——学会拒绝

你需要定期监督他们的工作情况，确保他们的工作量在合理的范围内。由于他们总是会帮助他人完成一些工作外的任务，因此很容易出现工作量超标的情况，最终把自己累得精疲力竭。因此，你需要让他们明白自己并非无所不能，要优先把宝贵的时间和精力花在本职工作上。对于他人的求助,要有所为,有所不为。他们要学会分清哪些情况可以提供帮助,哪些求助是应该回避或者拒绝的。

认清自己的需求

因为他们的主要动力来自为他人服务,所以他们会忽视自己的需求是否得到满足。你可以试着和他们聊聊自己的情况:哪些情况会让他们感到不适;哪些情况会让他们觉得自己心力交瘁;哪些情况会让他们感到被别人忽视,从而产生不满情绪。通过引发他们对自身需求的关注,让他们及时意识到自己内心的矛盾和倦怠,以免带来更大的伤害。

学会爱自己

在了解自身的需求后,帮助他们制订一份自我关怀计划,让他们能够为组织创造长期价值。计划中可以包括一些实践性的活动,例如规划个人目标、限制工作时长、安排高质量的休息和锻炼计划等。虽然我们不应该过分介入他人的私生活,但是研究发现,被人关心可以显著改善员工的工作倦怠情况。

学会与人分担

你不可能参与到他们的每一个决策中,也无须如此。你可以鼓励团队中的成员彼此照应。当同伴之间互相关注时,团队成员就能及时察觉到是否有人感到压力太大,并且适时伸出援手。同样,亲密的朋友和爱人也可以帮助他们分担压力。

分清"计划"和"实际"

当他们讨论工作时,你需要帮助他们区分哪些是未来的设想,哪些是实际要完成的任务。由于他们总是想要去满足他人的需求,因此很容易听到一个想法就立马付诸行动。即使在还没有完全确定的情况下，他们也可能会抢先一步去行动。因此，你需要给他们安排明确的任务，帮助他们分清计划和实际。让他们明白哪些是预期事项，不要盲目行动。

适合的领域 / 工作

辅助性工作

具有服务他人型动机的人适合从事关注他人需求并且提供帮助的工作。这类工作会让他们感觉干劲十足。他们适合担任办公室主任或者行政助理，因为他们乐于帮助他人打理生活。他们的初衷就是减轻别人的负担。

问题频发的组织

在初创型组织或者新成立的部门中，具有服务他人型动机的人扮演着重要的角色。他们事无巨细，时刻关注着组织中的变化和问题。服务他人的动机驱使他们随时查漏补缺、及时处理问题。由于组织中总有需要他们的地方，这让他们充满活力。此外，他们很在乎别人的反馈，他们希望自己的付出是有意义的，并且能够得到认可。他们想要知道自己是否真正满足了他人的需求。

棘手的任务

他们喜欢接受别人交代的任务。例如，为团队安排会议，或者处理视频拍摄的后勤工作。对于那些别人不想接手的工作，他们是唯一的人选。他们最大的愿望就是为他人提供服务，因此他们几乎不会对自己的使命说"不"。然而，这种奉献精神也给他们增添了更多的压力和责任，让他们很容易疲惫。

制造影响型：渴望通过自己的影响力，
改变他人的思想、感受和行为

你渴望通过自己的影响力，改变他人的思想、感受和行为，并且获得回应。

不久前，在一个挤满观众的房间里，泰里走下了讲台，她说："这是我一生中最糟糕的夜晚之一。"在此之前，她刚发表了一场自认为非常失败的演讲，她觉得这可能会成为自己职业生涯的终点。她设置的所有笑点都没有点燃观众的热情，似乎没有任何一个观点能引起那些银行家的共鸣。此时此刻，泰里正坐在大厅的椅子上，和丈夫通着电话，试图寻求一些慰藉。她说："我觉得自己彻底失败了。"

会议结束了，人们开始从礼堂涌入大厅。她觉得很尴尬，立即挂断了电话，这样她就可以在别人看到她之前迅速逃走。但是她还没来得及走，就已经有几个人逐渐向她走来。其中一名男士迅速将一张名片递到她手中，表示自己是一家大公司的首席执行官，想要邀请泰里在他们的年会上做演讲。另一位男士是一场会议的组织者，他想在接下来的一年里与泰里合作几个项目。还有一位女士，她提到了泰里在演讲中的某个观点，并分享了这个观点对她的影响。最后，这场活动的策划人告诉她，自己从未见过观众有如此热烈的反应，他们希望她今后还能来演讲。

等到人群终于散去，泰里还在回想刚才的场景。为什么她对自己演讲的印象和观众的反应相差如此之远？一场她眼中的失败演讲怎么可能是整场活动的亮点呢？

泰里对自己的演讲失望，主要是因为她的动机密码是制造影响型。由于那些银行家听众普遍比她以前遇到的观众更压抑,因此她没有看到自己想要的结果,也无法从观众的回应中判断自己的表现。实际上,她的演讲已经对观众产生了深刻的影响。在获得观众的积极反馈后,她对自己的表现很满意,并带着这种强烈的满足感回家了。

必须感受到自己的影响力

制造影响的动机驱使人们想要通过影响他人的思想、感受或行为,来获得对方的回应或反馈。如果他们能从对方的反馈中了解到自己已经以某种方式改变了某人的想法或行动,他们就会感到备受鼓舞。因此,具有制造影响型动机的人往往会对行为的细微变化非常敏感,他们甚至能读懂最微妙的迹象,例如眼神交流减少、轻叹或言外之意。他们会通过这些细微之处来确定自己是否制造了足够的影响力。

善于与人交往

具有制造影响型动机的人能够与各种各样的人建立牢固的关系。这种人通常都是外向的性格(虽然不全是)。他们能从人际互动中获得力量。他们能够与各种背景的人交往,也不会因为结识新朋友而感到焦虑。他们会抓住机会给人留下深刻的印象。制造影响者通常也会很有同理心,他们能够体谅别人的感受。由于他们非常关注别人对自己的言语和行为的反应,因此他们也对一些容易被忽视的社交暗示更为敏感,比如眼神交流的次数、肢体语言(身体的前倾或点头)等。这种能力让他们更善于调节氛围。他们知道如何用恰到好处的方式感染不同类型的观众,从而制造影响力。

制造影响型动机的弊端

制造影响者通常会受到外界反馈的影响,这会导致一些负面效应。

过分在意别人眼中的自己

就像本节开头的泰里一样,那些被制造影响型动机驱动的人往往会过于在意他人对自己的看法。一旦他们觉得别人的反应和自己预想中的结果不一样,就会感到情绪崩溃,甚至想要放弃。

不合时宜、没完没了地寻求回应

因为具有制造影响型动机的人非常在意反馈,所以他们无时无刻不在关注他人的反应。然而,并不是任何情况下他们都能获得及时反馈。他们对自身表现的过分关注会打乱团队的工作节奏,也会给管理者和队友增加负担。

过于情绪化

具有制造影响型动机的人往往容易被自己的感受所左右,比如他们在工作中的情感投入就会受到个人感受的影响。他们会将自己的情绪带到人际互动中,甚至会不合时宜地表现自己,以获得队友的回应。例如,如果在晚宴上没有人对他们的故事感兴趣,他们可能会躲到角落里;或者,如果他们的想法没有在会议上得到好评,他们可能会直接退出会议。

与具有制造影响型动机的人一起工作

与具有制造影响型动机的人共事时,你需要设法与他们建立深层次的个人关系,并表达出你对他们的观点和想法的兴趣。他们想要给你和你的团队留下深刻的印象，而你要做的就是证明他们的确有影响力。

直观的交流方式

在管理具有制造影响型动机的人时，你需要让他们知道他们对你的思想和情感产生了重要的影响。他们会用自己的方式解读你的反应，所以可能会把你镇定的态度解读为你对他们的观点毫无兴趣。因此，你要尽量用口头语言和肢体语言来表达自己的感受，表现出浓厚的兴趣。尽量不要采用电话或短信的形式沟通，视频通话或者面对面的方式更适合他们。在面谈中，你可以通过身体前倾、微笑点头和提问等形式回应他们。如果能看到对方，他们就能更好地回应你，因为我们的真实想法在很大程度上是由非语言信息反馈的。所以，尽量避免与他们进行线上会议或电话沟通。

接受他们的影响力

不要一遇到矛盾就拒绝沟通。即使你觉得他们是错的，也要给他们表达的机会。虽然他们不能完全改变你的想法，但即使你有一点点改变，也要让他们感受到自己的影响力。

培养自我意识，提高自我调节能力

因为他们的情绪和投入往往会受到外界看法的影响，所以具有制造影响型动机的人很容易忽视自我。你可以帮助他们明确个人目标，找到自身独特的优势。这种优势是他们本身就具有的，而不是来自外界的反馈。当然，做到这一点很有难度。因为许多被制造影响型动机激励的人本质上都是"表演者"，只有观众才是激发他们变得优秀的唯一动力。与他们共事的关键在于，帮助他们从他人的消极反馈中解脱出来，让他们将关注点转移到自己是否出色地完成了任务上。

借助榜样的力量

具有制造影响型动机的人会被他们的榜样所激励，并且想要像他们的榜样一样去影响别人。因此，他们的个人选择通常也与他们敬仰的榜样有着密切的关系。关于影响力，你可以时常与他们谈谈以下问题：他们最崇拜的人是谁？生活中对他们的决策和事业影响最大的人是谁？榜样如何影响他们的思想？这是一种提高自我意识的方法，能帮助他们理解榜样对他们潜移默化地产生了哪些积极的和消极的影响。

> **鼓励具有制造影响型动机的人的三种方法：**
> - 分享一些他们对你产生影响的具体经历；
> - 感谢他们在会议中发表的独到见解；
> - 邀请他们共进午餐，与他们分享你的决定，并向他们征求意见。

适合的领域 / 工作

发言人

具有制造影响型动机的人对交流新思路和提出改革建议的工作非常有兴趣。他们擅长演讲，适合担任发言人的角色。同时，他们也是具有号召力的领导者。他们乐于代表企业展示新产品、推销新思路。他们渴望成为别人关注的焦点。当然，他们的缺点就是容易受到外界反馈的影响，观众的冷漠会大大降低他们的工作动力。

艺术舞台

具有制造影响型动机的人的力量来自他们的观众，因此他们非常适合从事艺术表演类的工作，例如表演者或音乐家。他们了解如何改善观众的怀疑态度，也善于在适当的时候制造笑点，调动观众的情绪。他们往往有很强的同理心，能够按照观众的需求表达自己，并且制造影响力。

教学和培训工作

教学和培训类的工作能够给具有制造影响型动机的人带来满足感。这类工作对具有制造影响型动机的人具有很强的吸引力，主要是因为他们能够在教学和培训中心获得学生的即时性反馈，并且清楚地知道自己的影响力有多大。因此，制造影响型动机在学校教师、企业培训师、人力资源学习和开发专家身上比较常见。

写给具有团队成员型动机的人的忠告

如果你具有团队成员型动机，那么这些建议可以指导你未来的工作和生活。

明白自己想要什么

正如本章中提到的内容，你对团队非常忠诚，只要团队需要你，你就会全力以赴。然而，值得注意的是，你应该有清晰的个人价值观和信念，不要为了满足其他人的需求而迷失自己。

学会关注自己的压力

你是一个勇于担当的人，愿意承担更多的责任。但是，这也意味着你有时会负担过重。因此，你需要经常关注自己的压力水平是否正常，确保自己不会被压垮。你可以尝试休假，短暂地远离工作。在这期间，不要去查邮件和信息，否则你很容易又会不自觉地投入到工作中。

试着不去在意他人的目光

拥有团队成员型动机会让你更关注周围人对你的看法，并且很容易受到外界的影响。当你感到沮丧的时候，可以分析一下是什么原因在影响你的情绪？是外界原因还是你自身的原因？是不是有人在会议中无视了你的观点？还是你和同事之间的关系变差了？或者是你觉得其他人不重视你为团队做出的贡献而认为你的付出是理所应当的？你需要留意外界因素对你的努力程度的影响。

勇敢捍卫自己的信仰

拥有团队成员型动机的人的共性就是对信仰很忠诚，这是很伟大的一件事。一旦你选择了一条路，就勇敢地走下去。你会把事业看得比自己更重要，你会享受和优秀的队友们一起奋斗的过程，这将是你最幸福的体验。如果你感觉自己缺少激情，那可能是因为你还没有找到奋斗的目标。

杰出的成就背后总有一个优秀的团队。团队里的成员会相互扶持，他们跌跌撞撞地摸索向前，迎难而上。最终的成功需要团队成员之间的高度信任和彼此承诺。在现代社会中，团队成员型动机是一种宝贵的资源。他们是团队中凝聚力量的"黏合剂"。他们坚守着团队的目标，为团队的成功保驾护航！

第 6 章

探索未知、做事精益求精的学习者

> **共同特征**
>
> - 有探索、提问和学习新鲜事物的动力；
> - 主动向他人传授和分享自己的知识；
> - 学识广博、兼备多种才能的复合型人才；
> - 能够给项目贡献很多创意，尤其是在项目初期。

动机密码中包含学者型动机的人，通常会表现出对探索和学习新知识的渴望，他们希望自己能够掌握甚至精通新知识，并且展示自己的才能。他们适合于需要探索和深入钻研的知识型工作领域。他们倾向于研究复杂问题，偏好问题解决型的任务。

学者型动机类型包括四种主要动机：

- 领悟和交流型；
- 精益求精型；
- 获取新知型；
- 探索未知型。

领悟和交流型：渴望研究、思考、开拓和探索

你的动机侧重于理解、领悟和交流你的见解。

你知道亚伯拉罕·林肯会步行数英里[①]只为借一本书吗？出生在农民家庭的他很少有机会接触到书籍，他只能从邻居那里借书看，为

---

① 1 英里 ≈1.61 千米。——译者注

了借到一本想要的书，他经常在崎岖的山路上长途跋涉。虽然林肯没有参与过我们的动机密码评估，但是很显然，他很容易被开展研究、深层思考、开拓新领域、探索新模型等这一类的任务所吸引。因为他具有领悟和交流型动机。对于这类人而言，不管遇到多么棘手的难题，他们都能整理出清晰完整的思路。

渴望分享自己所学的知识

领悟和交流型动机激励人们去解释、领悟和交流自己的见解。他们热衷于在学习新知识后，将复杂的概念转化为浅显易懂的内容并传递给他人。他们最享受的就是获取知识和传递知识，这个过程是他们的动力来源。对他们来说，学习是一个持续不断的过程。他们一天中的大部分时间可能都在沉思中度过。然而，他们并非单纯为了学习而学习。他们更渴望展现自己的学识，让自己所学的知识有用武之地。这种动机有一个重要的特征，就是只有将自己的见解表达出来，才能对他们起到激励作用。事实上，他们可能会觉得如果不能表达出自己的想法，那么就意味着他们的理解是不全面的。在教导别人的同时，他们也在自我学习，并且与他人分享自己的见解。因此，随着时间的推移，很多有这种动机的人都会成为伟大的导师。

思路清晰，化繁为简

领悟和交流型动机会激励人们探索新鲜事物，探究问题的本质。拥有这种动机的人很擅长处理复杂问题，他们能够理解那些在别人眼中看似愚蠢或不切实际的想法。他们也愿意花时间思考，把问题化繁为简。在领悟和交流型动机的驱动下，他们不断深究，直到完全领悟。然而，仅仅自己领悟是不够的，他们还会用简单浅显的方式与他人分享自己的见解。

> **行业专家**

这类人不仅学识渊博，还有自己精通的专业领域。他们会沉浸在某个领域，深入钻研自己感兴趣的知识。他们丰富的知识储备与工作性质无关，完全是源于个人兴趣。

> **领悟和交流型动机的弊端**

虽然通常这种动机是新思路的来源，还能促进交流，但是它也有一些弊端。

想法太多

思考就是他们生活的重要组成部分，他们的大脑从未真正停下来。但是，这也会导致他们脑海中有过多的选项和想法。当陷入一个问题中无法自拔时，他们就会非常紧张，甚至感到挫败。

优柔寡断

在做决策时，他们可能会手忙脚乱，没办法及时做出正确的决定。对他们来说，快速做决定是一件很困难的事情。因为他们要在对问题进行全面分析之后再做决定。在快节奏、追求效率的团队中，他们的行为可能会让队友很崩溃。

傲慢的"万事通"

因为他们有丰富的知识储备，所以通常都会是讨论中第一个发表意见的人。但是，因为他们的思路通常比一般人更开阔，所以他们发表的意见似乎并不是针对正在讨论的问题，反而像是给大家做补充说明。于是，他们很容易给别人留下傲慢的印象，被认为是想要炫耀自己"才高八斗、学富五车"。这是对他们的误解。他们会毫无保留地与别人分享自己的知识。但是他们的善意总会被那些缺乏自信的人曲解。

不切实际

他们无法区分理想和现实之间的界限。他们会慷慨激昂地陈述自己的见解，希望感染周围的人。然而，听众们似乎并不买账，只希望他们能直截了当地切中问题的要害。他们可能看起来有些不切实际，因为他们喜欢思考，总有新的创意。你不能马上读懂他们，要花一些时间才能真正了解他们的想法。他们也会被指责总是把事情搞得过于复杂，尤其在他们没有完全明确自己的想法之前。但是，如果你给他们机会，他们会给你一个完美的解释或优秀的方案。

阻碍项目进展

他们经常会在项目后期成为团队的阻碍。例如，相比完成简单的工作任务，市场调研经理乔更喜欢拓展他的工作范围。每到项目的后期阶段，他就会提出一系列问题，例如"如果我们换个角度会怎么样"或者"我们是否调查过……"。他认为这么做是为了带领团队重新回到项目初始的构思阶段。但实际上，项目进展到后期阶段已经不需要考虑这类问题了，他的行为只会增加团队的压力。即使如此，因为他是团队领导，所以团队成员也别无选择。只有他意识到自己的动机在阻碍项目的进展，团队的效率才能得到提升。

厌倦一成不变的状态

一成不变的工作让他们感觉缺少自我探索和学习的机会，无法满足他们对领悟和交流知识的渴望。这也会让他们感到无聊、懈怠和厌倦,甚至把心思转到工作以外的地方。他们容易被新的项目吸引,而忽略当前的工作。他们还可能打乱团队的工作节奏,因为他们总是会问一些无关紧要的问题,浪费团队的时间。

急于表达,却准备不足

他们渴望与别人分享自己的见解,甚至还没完全想好就迫不及待地说出来。如果他们总是这样,就很容易失去别人的信任,或者误导团队的决策。因此,对于有领悟和交流型动机的人来说,先私下里交流一下自己的想法,再在公开场合分享,会是一种不错的选择。

与具有领悟和交流型动机的人一起工作

与有这种动机的人共事,最好的方法就是为他们创造表达自己想法的机会。

教与学

为他们提供学习的机会提升自己,例如提供阅读材料、开展研讨会、组织学习课程。对他们来说,授之以鱼,不如授之以渔。不仅要让他们知道怎么做,还要告诉他们为什么要这样做,以满足他们的好奇心。另外,在他们向你传授知识的时候,请敞开心扉接受他们的指导。保持开放的心态,让他们自由地发表自己的见解。即使你觉得他们跑题了,也尽量不要打断他们。

耐心

他们执着于把问题研究得一清二楚,而且他们从始至终都会提出各种问题。你需要理解他们的做事方法,对他们保持耐心。你也需要明白，他们并不是因为质疑或不信任你而提出问题，只是强烈渴望探究问题的精髓。所以，你应该鼓励他们提问，并以口头表扬的方式肯定他们的好奇心，尤其是在整个团队面前的公开表扬更为有效。同时，也要让他们知道什么可以说，什么不可以说。你可以告诉他们："对不起，现在不是讨论这个问题的时候。"只要他们知道自己的好奇心能在后续得到满足，就会欣然接受你的拒绝。

包容他们敏感的情绪

领悟和交流型动机让他们始终沉浸在自己的思考中。这也会导致他们缺少必需的社交礼仪或者情商，不能很好地融入团队。如果你发现他们身上存在这样的情况（例如，喜欢私下里讨论自己的想法，但不愿在会议中分享），那你可以给他们一些指导。例如，你先不要打断他们，等他们说完之后称赞他们的见解，然后再分享你的想法，尽量在你的分享中借鉴他们的观点。这样做可以让他们明白，共情有利于提升他们的表达能力。要知道，他们并不是故意对人无理，也不是故意要孤立自己，这只是他们动机的一种表现。

防止思维被束缚

他们是否过于关注不太重要的小问题，最终影响了整个项目的进程？他们是否在两个没有关系的问题之间周旋，试图找到二者之间的联系？这种情况下，需要引导他们关注更关键的问题。要确保他们把有限的时间和精力都投入到最重要的问题上，避免在琐事上浪费时间。

同样，要让他们明白即使他们没有获得想要的所有信息，也可以开始行动。大胆向前走，这本身就是一个学习的过程。你可以询问他们的后续计划，让他们关注自己的计划如何推动项目的进展。通过制定详细的时间表,让他们清楚地了解项目的预期和进程。

给他们分配研究项目

如果你有需要研究和梳理的内容,可以分配给他们。只要提供足够的时间,他们就会出色地完成你交付的任务。虽然对某些人来说,在一大堆材料中梳理复杂的思路是一种负担;但是对具有领悟和交流型动机的人来说,这简直是一份大礼,他们喜欢这种工作。此外,他们也是最适合参加头脑风暴的人,因为他们会丰富大家的思路。唯一要注意的就是,他们的头脑中总是迸发出各种想法,这可能会影响项目的实际执行。

以下三种方法可以用来激励具有领悟和交流型动机的人:

- 安排他们做行业趋势研究,并且将成果反馈给团队;
- 让他们提前构思两个月以后要执行的项目,给他们足够的准备时间;
- 在休息的时候(茶歇或者午餐),邀请他们分享自己近期的学习心得。

适合的领域/工作

教学和培训行业

与具有制造影响型动机的人类似,拥有领悟和交流型动机的人也很适合从事教学和培训工作。这种工作为他们提供了学习新事物的机会,也让他们有机会与人分享自己的知识。然而,具有制造影响型动机的人关注如何通过自己的工作影响其他人，而领悟和交流型动机则驱使人们不断获取新信息，而不是反复传授同样的内容。如果让他们在每节课或每个学期都讲授同样的内容，他们就会对工作失去兴趣。例如，如果他们担任大学教授，那在备课和授课的最初阶段，他们会感觉自己充满动力，状态极佳；一旦他们多次讲授同一门课程，就会对教学失去热情。

科研和写作类工作

这类工作能够让他们在自己的领域处于领先的位置。对于有领悟和交流型动机的人来说，探索新的领域，再分享自己的发现，这就是理想的工作。因此，他们适合研发和创作类的工作，这使他们能够传递知识，帮助人们理解知识中的重点。他们也适合撰写研究报告，分析行业发展趋势和新问题。

创新性的工作

他们善于整合信息，也乐于分享新的见解和观点。因此，他们适合担任为组织和客户开拓新思路的工作。因为总在关注新的发展趋势，所以他们很容易成为优秀的创意团队领导、营销专家或者创意专家。

精益求精型：总是试图达到最好，能够持续提升自己的技能

你的满足感来自能够完全精通一门学科、一项技能或者胜任一份工作。

Rush 乐队鼓手尼尔·皮尔特（Neil Peart）于 2020 年去世，从此

世界失去了一位真正的音乐偶像。皮尔特被誉为"历史上最伟大的鼓手和打击乐手之一",曾是世界级音乐家们的偶像。不为人知的是,在他获得"有史以来最伟大的鼓手和打击乐手之一"的荣誉后,他也没有停止对爵士鼓的学习。在 2012 年的一次采访中,他对《滚石》(*Rolling Stone*)杂志的记者说:"什么是学无止境?我必须要不断提升自己,继续提升自己的技艺。拥有现在的荣誉,让我更不能松懈。我要成为一名职业鼓手。"

短短几句话,皮尔特就完美地总结了精益求精型动机的本质。

掌握知识

被精益求精型动机驱动的人,渴望能够完全精通一门学科、一项技能或者胜任一份工作。他们会在某个细微问题上深入钻研,直到他们掌握所有的细枝末节。无论是对一个领域、一项技能还是一门学科,他们都能持续保持学习动力。他们的坚持不是为了获得公众的认可,而是为了实现自我提升。

细节决定一切

细节对拥有精益求精型动机的人来说十分重要。细节能决定任务的成败,尤其是复杂的任务。工作中的任何小疏漏都会给他们带来困扰,让他们产生重头再来的念头。

完美主义者

拥有精益求精型动机的人往往把完美视为最终目标。他们对自己的要求很高,甚至不切实际。他们难以接受自己不完美的表现。这种观念可能是有害的，但是也给了他们衡量自己是否努力的标准，明确了他们的奋斗方向。例如，一个完美主义的运动员会努力在跑步比赛中提高自己的成绩，如果最终没有达到他心目中的标准，那么即使他的成绩有了显著的提升，他也不会感到满足。所以，优秀的成绩和不俗的表现也为他朝着下一个目标努力提供了动力。

顶尖人才

拥有精益求精型动机的人往往是各自领域的大师。他们诠释了什么是卓越的表现。他们通常是行业内的专家，但并不是全才。也就是说，他们要在某个领域成为"最佳"，而不是在好几个领域里都是"优秀"。但是，如果需要掌握某项特定的技能，他们也会是第一个积极响应的人。

奋斗者

他们往往非常勤奋，努力工作。他们会不惜一切代价在自己的领域取得成功，以获得成为专家的满足感。他们的生活通常以练习自己的技艺为中心。他们希望在他人的帮助下提升自己的技能。他们会聘请教练来指导自己，也会阅读本领域所有的新文献。总之，他们付出的努力远远超过其他人。同样，他们这么做并不是为了获得公众的认可，而是为了自己与生俱来对卓越的渴望。

精益求精型动机的弊端

虽然对精益求精的追求有益于自己和组织的发展，但是这种动机也有一定的弊端。这些弊端会阻碍他们实现让自己成为顶尖人才的理想，所以需要尽量避免以下这些问题。

永不知足的完美主义

虽然追求完美的动机是好的,但是有时他们会不切实际地过分苛求完美。他们很难享受到成功的快乐,因为他们总是不满足于自己的表现。即使任务已经完成了,他们还要耗费大量的时间和精力找寻结果中的瑕疵,这种行为会让其他人感到费解。没有人能理解他们为什么总是不满足于现状。这种永不知足的完美主义还会激发他们的怒气,也会惹别人生气。

事无巨细

除非他们觉得自己已经事无巨细地完成了准备工作,否则他们是不会开始行动的。他们认为,无论是参与任何活动,自己都必须做好万全准备。例如,一位高管在参加路演之前,可能会花几周时间来完善演讲中的每一句话。如果她觉得自己的彩排不够完美,就会想办法推迟演讲,直到她觉得自己完全准备就绪了。问题是,他们的高标准通常很难达到,所以他们总是觉得自己还没有完全准备好。

迷失于细节

为了实现他们心中精益求精的目标,他们有时会因小失大。例如,一位作家拼命想改好一两个句子,他可能会花上几天时间来润色这几句话,最终却忽略了交稿日期。他们总是被细微的不完美所困扰,忽视了更大的目标。正因如此,他们的效率可能比其他人都低得多,他们总是不能按时完成任务。

待人待己过于苛刻

对精益求精的追求也会给他们带来争议。为了实现目标,他们会把工作做到极致。他们甚至不关心客户或组织提出的标准，只要没有达到他们自己的要求，他们就不会满足。此外，他们对优秀的定义是非常主观的，完全从个人的角度出发。他们的标准是"我一看就知道是对的"。因此，他们的预期也很难被团队接受。

与具有精益求精型动机的人一起工作

区分什么可以精通，什么不能精通

与具有精益求精型动机的人一起工作的关键是要帮助他们明确自己可以在哪些领域里付出努力，以及哪些是他们无法掌控的领域，如表 6-1 所示。对组织来说，把事情做对 90%，然后继续转移到下一个目标，比继续完善剩下的 10% 更有意义。事实上，有些情况是我们根本无法掌控的。出现这类情况的原因很多，比如客户的回应方式、总体市场情况、经济趋势，甚至是自身能力的限制。

表 6-1　　　　你能够精通和无法精通的内容

你能够精通的	你无法精通的
你的销售技巧	客户是否购买
你的舞台表演	观众是否对你的演讲有反应
你的设计能力	你的经理是否喜欢这个方案
你制定策略的能力	决定成败的无形力量

不要同时做太多事情

对专业化和精益求精的渴望让他们觉得自己想做的事情很多，但是他们的能力是有限的。可以先了解他们的工作情况，例如目前的工作量、主要的时间花在何处、项目时间表的完成情况，以及他们目前遇到的困难与挫折。然后，帮助他们诊断问题的根源，让他们适当放下那些可以授权给别人或者不需要过分关注的工作。

在能力范围内晋升

具有精益求精型动机的人会在工作初期就崭露头角，受到组织的青睐。然而，管理有技能的员工和自己精通这些技能是完全不同的两件事。随着职位的提升，作为管理者的他们需要承担更多不确定性的工作，例如战略制定和组织决策。如果他们还是过分关注细节或者追求完美，就可能导致项目无法正常实施。在这种情况下，他们就会给团队带来困扰。因为他们的团队一心只想完成工作任务，但作为管理者的他们却在阻碍团队的前进。因此，在提拔具有精益求精型动机的人之前，要确保他们理解自己的工作内容，定期监督他们的工作进程、决策结果和工作时间表的执行情况。

精通细节

如果他们觉得你在工作中敷衍了事，就会不尊重你。他们非常注重细节，所以你也要努力如此。你不必事事追求尽善尽美，但是在领导下属和团队沟通时，要做到有条不紊、一丝不苟。这样你才会赢得他们的尊重。如果他们是你的团队成员，你要让他们意识到自己过分专注于精益求精可能会影响团队的整体进度。他们可能会把一篇报道中的一个段落改了又改，重写十几次。而实际上，只要写得"差不多"就可以了。不要害怕对他们说"我觉得这样很好！感谢你的辛勤工作。"同时，要善于发现他们最擅长的方面，例如在主持会议的工作上表现优异，或者在与客户沟通前准备充分。

适合的领域 / 工作

高风险性的工作

具有精益求精型动机的人会被能够持续提升自己技能的工作所吸引，尤其是针对某项稀缺的重要技能的工作。追求精益求精的角色对他们来说很有吸引力。他们不喜欢那种将就应付就能完成的工作。例如，这种动机很适合外科医生，因为他们的工作不允许犯错。一旦犯错，风险就会很高。

没有时间限制的工作

具有精益求精型动机的人通常要在截止日期前才能完成自己的任务，因为他们总是试图把事情做到最好。他们会沉浸于细节中，专注于调整细节问题，却忽视了整体目标。因此，他们适合没有时间限制的、开放性的工作，最好还有持续跟进和修改的机会。他们无法胜任时间紧迫的任务，也不能接受敷衍了事的工作态度。

细节性的工作

具有精益求精型动机的人更喜欢关注被别人忽视的信息。如果你需要有人帮你彻底读懂一份新合同，他们就是最佳人选。如果你希望有人帮你仔细检查工作流程中的每个阶段和细节，确保万无一失，那就把任务交给他们。他们会全力以赴，废寝忘食，直到达到他们心中完美的标准。

获取新知型：喜欢不断进入新的领域、学习新的技能并进行展示

你的动力来自学习新事物，并且证明你能做到。

吉姆兴趣广泛。每次他学会一项新技能，就去向别人展示，并能因此获得赞赏。然后，他就会转向其他的兴趣。当他决定学习园艺时，他的妻子非常激动，她一直梦想着有一个花园。在那一季，花园被修剪得非常不错。吉姆经常在他们的后院忙着修剪植物，他会在餐桌上或聚会中与人分享他新学到的园艺技巧。但是，当第二年春天来临，他的花园就被遗忘了。播种的季节过去了，吉姆只去过后院一次。取而代之的是，他大部分时间都在车库里忙碌，因为他有了一个新爱好——修理自行车。

吉姆最主要的动机是获取新知。这意味着他的动力来自获取某个领域的知识或技能，然后向其他人展示自己的所学。仅仅学习新的知识或技能是不够的，他还要与人分享自己的收获。然而，一旦他觉得自己学会了，并且向别人展示之后，他就会把兴趣转向其他地方。

快速学习者

具有获取新知型动机的人追求快速学习。他们渴望的不是精通某项技能，而是尽快掌握它并能够应用。正因如此，他们可能会在还一知半解的时候，就迫不及待地卖弄自己的技能。

多才多艺

这类人往往都是多才多艺的。他们会浅显地学习很多技能，并

且总是在找机会展示自己丰富的知识储备。他们不喜欢专注于某个领域，而是更倾向于在工作和生活中扮演各种各样的角色。不同于领悟和交流型动机，获取新知型动机会让人更追求实际，他们对知识的渴望是偏实践导向的，他们追求的是可以立即应用所学的技能。对他们来说，学会应用比理解原理更重要。

着眼全局

具有获取新知型动机的人有很强的沟通能力。他们关注整体，不拘泥于细节问题。他们善于简化信息，能从全局的角度分析问题。

获取新知型动机的弊端

因为他们兴趣广泛，所以经常被称赞为多才多艺。但是，获取新知型动机也有一些弊端。

难以全身心投入

因为他们很容易被新的技能所吸引，总是想要学习新事物，所以很难全心全意地投入到某一件事情上，也很难一直坚持同一个目标。因此，他们很容易跳槽。一旦出现更有吸引力的工作机会，他们可能就会辞职。他们也渴望通过晋升获得新的挑战。然而，当他们感觉自己可以充分胜任这个职位时，就会开始寻找下一份工作。

多才多艺，却一无所长

具有获取新知型动机的人往往对任何事情都知道一些皮毛，并不深入。在某些情况下，这种特质会发挥很大的价值，比如在公司刚刚创立的阶段，追求获取新知型动机的人可以在公司里承担很多职责。

然而，随着组织的发展和专业化程度的提升，他们会逐渐陷入一个尴尬的境地。他们很难适应团队的工作体系，因为他们不想被限制在一个特定的范围里。

别人眼中的"万事通"

具有获取新知型动机的人会有意无意地炫耀自己的学识和技能。由于他们觉得自己懂得很多，因此经常会不合时宜地打断别人的谈话或者试图纠正别人的观点。在聚会上，他们会兴致勃勃地参与每个话题的讨论，讲述自己的故事或者趣闻。他们还会通过讲述个人经历来给自己树立威信。所以，他们有必要学会如何分辨发言的时机是否恰当，知道什么时候自己可以发表评论，什么时候应该保持沉默。

刻意表现自己的能力

不管别人想不想听，他们总是迫不及待地想要分享自己新学到的技能。例如，曾经有一位商人讲过他的故事。他小时候曾经想要自学腹语术。他花了大约 30 分钟练习了一套动作，然后就在周一自豪地向老师宣布，他想和全班同学分享他的新技能——腹语术。可想而知，他学得根本不到位。但是这并没有让他感到苦恼，因为他更在乎的是与别人分享自己的所学。

与具有获取新知型动机的人一起工作

鼓励他们同时承担多项任务

每天重复同样的工作会让他们丧失工作热情。要想激励他们，你可以让他们同时承担多项任务，这就需要他们不断进入新的领域，学习新的技能。例如，让他们同时参加多个团队的项目，或者参与头脑风暴。如果某个项目需要做一些调查，那你也可以派他们去，并且让他们向团队汇报自己的成果。他们的工作任务越多样化，就越能激发出更好的自己。然而，你也要做好心理准备，因为即使给他们安排多项任务，一旦他们感觉自己完全可以胜任，很快就会产生厌倦情绪。为了解决这个问题，你需要随时监督他们，防止他们因为厌倦本职工作而不务正业。然而，如果能让他们始终保持对工作的投入和热情，他们就会有非常出色的工作表现。

做好前期准备

因为具有获取新知型动机的人通常是在寻找新的学习目标，所以他们经常会在还没准备好的情况下就着手开始工作。因此，你需要给他们的工作制定清晰的时间表。在确认前期准备工作已经完成之后，再允许他们介入。否则，他们可能会不顾团队的进度，迫不及待地盲目开始。

帮助他们找到个人成长的机会

因为他们在许多领域都颇有能力，所以他们很难分清对自己的个人发展最重要的技能是什么。通过快速学习并迅速掌握一门技能的经历会给他们造成一种错误的胜任感。因此，你需要帮助他们找到个人成长的机会，并制订一个详细的计划来提升关键技能，真正培养他们的胜任力。

应对不稳定的挑战

一旦他们的技能达到熟练的水平，就很可能会对自己担任的角色或者承担的项目失去兴趣，转而寻找新的挑战。因此，你要让他们意识到自己的动机在下降，并且帮助他们继续保持专注和投入。你可以参考的一个方法是，让他们用业余时间从事自己感兴趣的活动，给他们探索和学习新技能的机会。只要你能够满足他们对新知识／技能的渴望，他们就会在日常工作中变得更有动力。

教他们如何教学

如果他们能够将对新挑战的需求转移到培养人才方面，就会迸发出源源不断的新思路。你可以为他们提供向集体展示技能的机会，并在适当的时候让他们把自己的工作方法或技巧分享给其他人。不要拒绝他们给你传授新知识的机会，因为分享自己的兴趣会让他们感到充满活力。

适合的领域／工作

综合性岗位

他们的兴趣来自处理多样化的问题或者学习新鲜事物，所以他们适合于需要多样化技能的工作岗位。他们可以上午设计网站，下午主持销售会议，下班后再制定产品策略。他们不太可能把每个工作都做到完美，但是他们有足够的能力顺利完成所有工作。

服务客户需求的组织

对于具有获取新知型动机的员工来说，最不能接受的就是一成不变的工作任务。他们非常适合咨询服务行业或创意产业，因为这些工作能够让他们在一周之内展现出多种不同的技能。

化繁为简的工作

具有获取新知型动机的人非常擅长处理复杂的大问题，他们能把问题化繁为简。因此，他们喜欢能够把自己的所学再传授给他人的工作。然而，他们有时会进行一些不必要的简化，还可能会忽略问题中的细微之处。

探索未知型：只要走出舒适圈，他们就会感觉很快乐

你渴望去探索未知和神秘的事物，超越你现有的知识和能力范围。

吉尔把所有的假期都用来旅行，每年两次。她会去陌生的城市，在那里，她一个人都不认识。她到公园散步、逛书店、品尝附近的餐馆。旅行将她带到了世界各地，她甚至去过语言不通的地方。她喜欢沉浸在陌生的文化中，学习如何与人交流。旅行结束后，她总是和朋友、同事分享自己的冒险经历。许多人都认为她的经历有些疯狂，但是吉尔的心中却只有旅行。

对新奇体验着迷

像吉尔一样，有些人总是在旅途中。他们热衷于尝试新的体验，比如在不同的餐厅吃饭，学习异国风情，或者去小众的目的地旅游。他们有许多激动人心的经历和故事。在工作中，他们是推陈出新的人。在为项目制定策略时，他们会鼓励团队跳出舒适圈，考虑一些冒险的想法。他们渴望尝试新奇的方式。一旦以前有人做过，就引不起他们的兴趣。

渴望突破极限

他们会突破自己的知识极限去探索未知的事物。他们有好奇心，

也有冒险精神，偶尔想要寻求刺激。他们喜欢体验稀奇古怪的新鲜事物、了解新技术。新鲜感是他们的主要驱动力。他们并不一定只在旅行中才能寻找新鲜感；他们善于在自己周围寻找能给自己带来独特体验的机会。他们会在自己居住的城市里花上几周的时间，去寻找一切可能给他们带来新鲜感的事物。

他们愿意接受别人的不同观点，并且不加评论。他们会对现状感到厌倦，也会厌烦那些不能发挥自己才能的任务。因此，他们渴望找到能够真正激励自己的工作，这种工作需要给他们新鲜感。

创意者

大多数时候，他们的想法超出了实际能力。因此，在项目的早期探索阶段，他们的表现非常突出，因为他们对头脑风暴和制定战略充满热情。然而，一旦项目进入执行阶段，他们就会失去动力。可预见性是他们最大的敌人，他们会尽全力对未来保持开放的态度。

富有灵感

那些积极探索未知的人会用自己独特的经历和新奇的想法激励周围的人。他们在许多领域都有着广泛的建议，能够提出别人前所未闻的见解。因此，他们经常带领团队进入一个全新的领域。但是这样也可能会让团队感到不安和焦虑，甚至导致失败的结果。

探索未知型动机的弊端

在探索未知型动机的积极属性之外，也存在一些弊端。

容易半途而废

因为他们总是想要寻找新的行事方法或者发展新的技能，所以他们通常很难在一件事情上善始善终。当他们被新鲜事物分散注意力时，会倾向于选择那些令人兴奋的新视角，而不是坚持原有的计划。

漠视规则

如果他们觉得你的期望或标准限制了他们的思维，就很可能会为了追求自己的理念而漠视规则。他们不喜欢从事行政工作或者其他重复性劳动，比如参加员工例会。如果他们认为某个规则不应该适用于他们，或者觉得这个规则太有局限性，就会悄悄地忽略它的存在。如果团队中的其他人遵守规则，他们就会觉得是团队文化有问题，甚至会对团队和领导失去信任。

容易越界

他们会偶尔在工作中挑战规则或越界，即使已经被告知不要这么做，他们也不在乎。他们认为挑战现状是自己的天性。如果当前的身份不能满足他们对探索未知的需求，就会在没有征得组织同意的情况下自顾自地重新规划自己的身份。他们只想让自己有足够的自由来探索新鲜事物。

不喜欢循规蹈矩

他们常常只是为了改变而改变。在领导团队时，他们可能会不断地修改团队管理系统和工作规范或者调整团队预期。如果他们感到不满，就会直接推翻现状，再重新开始。在他们眼中，每一天都是一次冒险。然而，他们的这种做法很容易让团队缺乏稳定性。

与具有探索未知型动机的人一起工作

划定界限

他们不喜欢被约束。如果给他们的工作设置过多限制，他们就会很不适应；相反，他们需要一个开放的环境，能够自由掌控工作的方式。如果你明确告诉他们该怎么做，他们可能会故意违抗你的命令。但是如果你给他们提供几种选项，反而会激发他们的创新思维和工作热情。此外，他们的参与可能会扰乱原定的项目进程。为了避免这种情况发生，你要随时准备好调整项目计划。当工作中遇到特殊情况时（例如时间压力大或者组织目标高），你需要给他们更多的关注。你可以找他们谈话，向他们解释现在的情况特殊，并且告诉他们这种特殊情况是暂时的，以后还有机会做他们想做的事情。

将钻研定义为一种探索

因为他们很容易分心，所以时常会在项目中半途而废。你可以引导他们在自己的本职工作上深入钻研，满足他们渴望探索未知的动机。你可以通过这些问题引导他们进行探索，比如"如果我们……"或者"你考虑过……吗"。在正确的引导下，他们就能在熟悉的工作中体会到新鲜感。

优先参与项目初期的工作

他们很难在一个完整的项目中自始至终都保持投入。在项目初期，他们会充满活力，因为这个阶段有很强的开放性，给他们提供了探索未知的机会。因此，可以让他们重点参与项目的早期阶段，给他们充分的自由进行探索。越是没有前期经验可以借鉴的工作，越能激发他们的动机。因此，他们需要的就是自由探索的空间和资源，只要找到新的兴趣点，他们就会展现出自己的工作能力。

保持计划的开放性

如果你想在个人发展方面给他们提一些具体的建议，不要直接对他们提出要求，而是要艺术性地委婉表达。他们不能接受你直白地告诉他们应该怎么做，因此你要引导他们自己找到努力的方向。你要学会做一个好导师，提出有意义的问题，并且对他们的灵活思路做好心理准备。探索未知型动机能够为团队提供新颖且多样的思路，这是其他任何动机都无法比拟的。虽然他们经常注意力分散，但是他们的优势也非常突出。他们往往能让团队成员保持思维敏捷。

适合的领域 / 工作

创意产业

具有探索未知型动机的人善于提出问题，他们的奇思妙想能够推动团队从不同的视角思考问题，给团队注入新的思路。正因为如此，他们适合在能够自由探索的领域工作，他们的动机来自挑战现状和从事带有冒险性的工作。

研究与开发工作

他们是天生的多面手，总是走在流行趋势的最前沿。他们喜欢提出质疑，也乐于挑战传统。他们的探索精神也常常会给周围的人带来烦恼。他们的目标就是发现别人意识不到的问题，探究别人不知道的真相。

体验师

他们经常会去新的地方旅行，也喜欢与来自不同文化背景的人一起工作。他们还善于关注全新的话题或市场。对他们来说，只要走出舒适圈，他们就会感觉很快乐。

写给具有学者型动机的人的忠告

那些动机密码由学者型动机组成的人通常都在努力探索各种可能，他们的观点和想法为团队其他成员的思考奠定了基础。只要方向正确，他们就能为拓展团队的思路做出巨大贡献。

如果你也有这种动机，那么你可以按照下面的建议合理安排自己的生活和工作，提高自己的效率。

接纳别人和你的差异，不是每个人都像你一样

你要明白，你的动机有时可能会惹恼别人。这并不是因为他们不喜欢你和你的动机，而是因为他们的动机与你不同。当你遇到这种冲突时，试着分析一下自己和他人的动机，看看不同的动机能不能解释你们之间的差异。请记住，我们需要探索未知、获取新知和精益求精，但也需要按部就班地完成常规工作。

发展副业或兴趣爱好

你可能会觉得，工作无法给你提供探索未知型或获取新知型的动机。既然如此，你可以找一些其他的方式来满足自己的动机，以保持自己的注意力不被分散。例如，你可以培养一个新的兴趣爱好，或

者找到一个感兴趣的主题，抑或发展一个能够满足自己学习欲望的副业。对你来说，"工作"应该是一个更宽泛的概念，不仅包括你的本职工作，也包括你在生活中参与的各种活动。

列一份遗愿清单

针对你感兴趣的主题，列出你想读的书单，列出你临死之前想去的所有地方，写下你今年最想学习的技能，以及你为之所做的准备，再制订你的学习计划。有了这些，你就会对生活更加充满期待。

考虑如何付诸实践

因为你的脑海中总会迸发出各种想法，所以要训练自己学会思考如何把想法变为现实。例如，"这个想法如何应用到我们正在开展的项目中？"或者"这个思路是否适用于我们即将在周二举行的那场大型会议？"通过将你的关注点转移到具体的、有时效性的工作活动中，你将会更好地发挥自己的动机和天赋，为团队的成功贡献力量。

第 7 章

让团队始终保持
高效率运作的优化者

第 7 章 让团队始终保持高效率运作的优化者

> **共同特征**
>
> - 动力来自提高事物的效率；
> - 对组建系统和整合信息很有热情；
> - 专注于从事情的开始就认真对待，而不是事后补救；
> - 努力想要为未来的工作打下坚实的基础，不是为了名利而工作。

那些一见面就帮你整理办公桌的人，大概就是受优化者型动机激励的人。他们适合担任组织运营工作，因为他们的动机驱使他们为组织争取利益最大化、浪费最小化。他们喜欢挑战别人眼中的"难题"。他们追求是非分明，不解决问题决不罢休。因此，他们是愿景型领导的得力助手，因为他们总能在细节中发现问题。

具有优化者型动机的人的目标是为组织建立稳固的基础，确保组织系统运行良好。挖掘组织系统中的价值会激发优化者们的热情。

优化者型动机包括以下六种主要动机：

- 组织协调型；
- 捍卫标准型；
- 优化提升型；
- 解决问题型；
- 推动发展型；
- 建立根基型。

组织协调型：善于在混乱中建立秩序、给问题找到最优解

你想要建立并维持稳定的运行机制。

很多人都希望这个世界变得更好，而特蕾西始终在为了实现这个目标而忙碌奔波。无论是为当地小学举办的面包慈善售卖，还是市民请愿活动，特蕾西都会参与其中，与大家一起努力。她喜欢这种为了一个共同的目标而团结众人的活动。她会全身心投入到工作中。开会时，她总是在替团队思考下一个项目的关键要素是什么。她的作用如此之大，以至于整个团队都依赖她。没有她，团队就无法正常运转。正如你所猜想的，特蕾西的主要动机是组织协调。

无法忍受混乱

组织协调型动机并不仅仅是一种常见的个人能力，更是一个人行为背后的驱动力。有组织协调型动机的人无法忍受混乱无序的状态。他们享受把事物整理有序，并且使之顺利运转的感觉。

注重细节

他们通常细致入微。他们想要参与并掌控项目的所有细节。如果被迫把控制权转交给别人，尤其是当他们不信任对方时，他们的表现就会大打折扣。因此，即使他们在工作中授权其他人，也会密切监视所有的工作进展，以确保一切工作都在按他们的计划进行。

有组织协调型动机的人通常各方面都很优秀，他们既有过硬的专业技术能力，又有优秀的人际交往能力和高情商。他们善于管理复杂

的项目和团队，引导别人遵循他们制订的计划，并且带领团队朝着目标迈进。即使在面临不确定性的情况下，他们也能顺利完成任务。注重细节的特质为他们赢得了他人的信任。他们能够在长时间内保持对项目和方案的热情，并且几乎不会对自己的工作感到厌倦。

卓越的企业家

许多被组织协调型动机驱动的人都是成功的企业家。他们善于把大困难分解成小目标，再一一解决。他们既关注细节，又不会忽略全局。

组织协调型动机的弊端

对我个人而言，我非常感激我身边那些有组织协调型动机的人，因为他们总能推动事情进入正轨。但是，他们的动机也有一些弊端。

不能独立作战

如果没有其他人参与，或者项目太简单，他们就会失去对工作的动力。他们的动机很大程度上是为了简化并处理复杂的问题。如果工作任务或组织关系太过简单，他们就会选择离开组织。

过度消耗自己

在控制欲的驱使下，他们非常关注细节。他们也关注过程中的每个阶段以及阶段之间的衔接。因为他们既关注细节，又关注全局，最终的结果往往是他们把自己累到精疲力竭。

控制欲强

他们觉得自己必须参与到团队的每一个决策过程中，项目的每一个动向都要得到他们的批准。所以，一旦项目工作遇到瓶颈，他们就会觉得是自己的责任，并为此感到懊恼。团队中有能力的队员可能会因为难以忍受他们的控制欲而离开。对于有组织协调型动机的人而言，他们就是项目的核心。他们担心，没有他们的参与，项目就无法走上正轨。他们往往会有些固执和自以为是。他们对细节的过分追求会给人带来一种吹毛求疵的感觉。虽然他们自己也觉得这样做不好，但是他们就是如此。他们的家庭通常也实行"军事化管理"，他们对家庭成员的管理很严格，要求家人在任何时候都要有最佳表现。

无事可做就焦虑

当没有任何大项目需要他们组织，也没有不确定性情况需要他们应对时，他们就会表现得焦躁不安。他们甚至会为了让自己有事可做，强行插足不属于自己的领域。他们希望自己能够不断地参与组织协调工作，为组织创造价值，并且推动工作的进展。

与具有组织协调型动机的人一起工作

安排需要组织协调的工作

这个结论似乎显而易见，他们的动力来自在混乱中建立秩序和给棘手的问题找到最优解。例如，梳理一个历时多年拼凑起来，现在又要推翻重建的流程；或者整理一份复杂凌乱的报表。与具有其他动机的人的不同之处在于，被组织协调型动机驱动的人更倾向于认为自己能够提升组织的效率。你要做的就是确保没有给他们分配过多的重复性工作和可预测性高的工作，让他们能够自由地激发自己的动机，推动组织目标的实现。

留意他们的加班倾向

如果你是他们的管理者，请务必定期监督他们的工作量，关注他们是否会过度加班，以及他们是否试图承担自己能力范围之外的事情。如果你发现他们表现得乏力或易怒，可以先确认一下他们的工作量是否超标。你需要了解他们在哪些方面投入了大量的时间和精力，或者他们是否正在尝试做一些能力范围之外的事情。

> **具有组织协调型动机的人会出现以下耗竭的表现：**
> - 他们忽然变得脾气暴躁，或者任何小问题都能让他们失去理性；
> - 他们小题大做，为了某些毫无意义的事情倍感压力；
> - 为了满足团队的组织协调需求，他们放弃了私人生活；
> - 他们试图越界去控制自己无权干涉的领域，只为在工作上获得成功。

安排团队性质的工作

确保他们的付出与团队合作、领导努力以及项目进度之间实现平衡。如果让他们单独工作太久，他们可能就会涉足不属于他们的领域。因此，要允许他们邀请其他人加入自己的项目。同时，要允许他们自由地组建自己的团队，邀请他们认可的人参与其中。如果将已经建立好并且有明确的管理流程的团队交给他们，他们可能不会积极回应，也不会展现出自己的实力。因此，需要鼓励他们把自己的组织协调型动机带入项目中。

授予工作自主权

尽量不要给他们太多限制，而是让他们自由地处理工作。有组织协调型动机的人会将工作的过程看得和结果一样重。因此，过程中的过度限制会压抑他们的工作热情。此外，要密切关注他们做出的决策，让他们对自己配置的资源负责。与他们一起工作，需要提醒他们不必事无巨细地掌控每个细节，要让团队成员有发挥能力的空间，以激发团队的热情。

鼓励他们与人合作

在具有组织协调型动机的人眼中，人只是一种实现目标的工具。这种观念会让他们忽略团队成员的情感需求和体力情况，一心只关注工作效率和结果。例如，他们可能会把任务分配给工作量明显超负荷的成员，或者因为与项目预期的时间不符而否定一个好的建议。

与他们一起工作，需要提醒他们关注团队成员的个人状况，也要关注工作要求以外的自我提升和需求满足。

适合的领域 / 工作

运营岗位

他们天生就具有很强的组织协调能力，能够有条不紊地处理好所有问题。因此，他们一旦加入一个团队，就能够迅速发现问题并且解决问题。他们擅长通过解决问题来提高组织的运转效率。对他们来说，最重要的就是拥有必要的权力和资源，以便在混乱中维持秩序。他们善于查漏补缺，是优秀的问题解决者。他们也适合对细节要求较高的设计和空间规划类工作，例如室内设计或建筑设计。

管理岗位

他们既关注细节，又统揽全局。他们能够处理好细节和整体之间的关系。他们适合担任项目经理和目标导向的团队的主管。为了保证团队的成功，他们不会放过任何一个细节问题。他们还会给每个成员分配适合的角色，以确保团队运行顺畅。城市规划和项目管理类的工作都需要他们这种既能解决问题，又能组织团队的人才。

过程导向的工作

他们的动力来自组织和管理的过程。他们致力于提升项目进展的效率。在参与长期项目中，他们会随时做出必要的调整，以保证项目的正常运行。

捍卫标准型：即使有风险，也一定会坚持自己内心的正义和公平

你坚持建立和遵守你心目中正确的标准、信仰和原则。

1955年12月1日，罗莎·帕克斯（Rosa Parks）在亚拉巴马州蒙哥马利（Montgomery）的一辆公共汽车上拒绝给白人让座。尽管她不是第一个对1950年美国南部盛行的种族隔离法提出抗议的非裔美国人，但她大胆的举动和对信仰的坚持引发了大规模的抵制和抗议活动。社会上的抗议活动就像滚雪球一样越滚越大，最终在美国的南部发展成了民权运动，直至最后政府终于宣布种族隔离是非法的。当后来帕克斯被问及在激烈的矛盾和暴力面前，她是如何勇敢面对、始终坚守自己的立场时，她说："当你在做你认为正确的事情时，你永

远不要害怕。"

很少有人会冒着伤害自己和亲人的危险勇敢地捍卫自己的信仰，但是具有捍卫标准型动机的人，一定会坚持自己内心的正义和公平。

坚持明确的标准

那些有捍卫标准型动机的人渴望把自己的标准和原则推广到所有他们参与的事情中。他们对工作有明确的标准。他们最关注的就是所有人是否都遵守标准，按照他们心中正确的方法行事。如果做事的方法不得当，即使最终成功了，在他们眼中也是失败的。只有按照正确的方法做事才能让他们满意。他们在工作中追求精确和清晰。他们的敌人就是模糊，无论是过程还是结果，他们都不能接受任何含混不清和敷衍了事。

强大的道德指南针

即使遭到反对，他们也从不畏惧捍卫自己心中的正义。为了坚持自己认为正确的道路，他们砥砺前行，甚至不惜被孤立。虽然这可能会让他们与别人的关系变得紧张，但是他们也会因为有原则的生活和工作方式而受到赞赏，并以自己为榜样激励周围的人。他们非常诚实正直，希望与坦率且有专业性的人共事。不论是否在领导岗位，他们都是组织中的精神领袖。

勇于表达

在别人都不敢表达意见的时候，他们勇于坚持自己的立场，敢于公开发声。他们会对新项目、新思路和组织变革如何符合组织核心价值观的问题直言不讳。

捍卫标准型动机的弊端

虽然他们想要捍卫标准的愿望为自己和团队提供了清晰的道德指南,但这种动机也存在一些弊端。

工作与个人价值观的冲突

当他们的个人价值观与组织的价值观发生冲突时,会给团队和自己带来很大压力。有些情况下,他们心中认为正确的方式会与组织的预期相悖。这种情况是真实存在的。例如,作为一个团队管理者,他们的价值观会与上级领导的价值观不一致。这种不和谐会导致关系紧张,他们要被迫在领导的标准与他们自己的价值观之间做选择。

非黑即白的世界

对高标准的追求会让他们忽略其他人观点中的细微差别和价值。为了达到自己的标准,他们常常把世界解析成黑与白、好与坏、可接受与不可接受,如表 7-1 所示。他们不愿意妥协,也不想了解自己与他人之间的共性。

表 7-1　　　　　　　　不同人眼中对待同一事情的看法

捍卫标准的人眼中	其他人眼中
这简直太骇人听闻了	我觉得这件事有两面性
这是我见过最糟糕的作品	我觉得这个再做一些调整会更好
我输得一败涂地	虽然我距离目标还差 10%,但我已经做得很好了,下次我会更加成功
这是我做过最重要的事情	这是一个比较重要的项目

对人对己都很挑剔

他们的高标准让周围的人很难与他们保持长久的关系。他们会试图指出一些不符合标准的地方，并且会毫无顾忌地批评他人。他们对自己也特别苛刻，从来不为自己出色的工作表现而庆祝，因为他们总觉得自己做得不够好。

不切实际的高标准

他们经常犯的一个错误就是把标准设置得太高或者期待一种完全不切实际的完美。为了达到他们的标准，整个团队都会精疲力竭。而且他们对工作的衡量标准甚至远远超出组织或客户的预期。因此，他们捍卫标准的动机会给团队带来压力，也会影响那些只是简单希望完成团队任务的人的工作状态。他们可能会发现，自己严格的规则和标准成了组织的绊脚石，严重违背了更注重工作效率的团队成员的意愿。

思想保守

他们的价值观通常是不会改变的。他们认为其他人有责任遵循他们的意愿，而不是站在中立的位置。因为他们不会妥协，所以谈判对他们来说非常有难度。相反，如果他们不相信对方能遵循标准并实现预期，他们可能会因此放弃一个重要的交易。例如，对于已经有明确合作意向的潜在商业伙伴，如果他们觉得对方在电子邮件沟通时过于敷衍，或者对方的招聘标准过于宽松，他们可能就会放弃这次合作。

与具有捍卫标准型动机的人一起工作

沟通清晰明确

在与他们沟通或表达你的个人期望时要清晰明确,并且严格遵守组织的规章制度。含混不清是大忌,无论事情多么重要,一旦他们觉得杂乱无序,就会拒绝配合。在和他们沟通之前,先整理好自己的思路,避免即兴发挥。

让他们明白什么值得争取

被捍卫标准型动机驱动的人无时无刻不在为自己内心的标准而战斗,但是这其实并不现实。他们需要明白哪些标准是值得争取的,哪些是可以忽略的。作为他们的领导者,你必须帮助他们了解在自己的工作中,应该坚守哪些原则,哪些坚持是毫无意义的"钻牛角尖"。此外,不要让他们同时承担多项工作,他们会处理得焦头烂额。

指出他们的不切实际

他们可能意识不到自己在生活中的某些方面过于死板,不经意间给别人施加了很多压力。作为管理者,你可以指出他们如何给别人带来了压力,以及他们的哪些标准是不切实际的。例如,让他们不要用自认为最好的方式工作,要严格遵守工作流程;告诉他们即使不认可某些政策,它们也不会马上消失,政策的变革需要符合实际,是需要时间验证的。

学会共情

向他们提出一些有针对性的问题,帮助他们更好地了解自己的工作方法是如何影响团队的。例如,引导他们关注团队成员的需求:

"你当着团队所有成员的面批评吉尔时,你考虑过她的感受吗?""你认为团队对你这个项目的时间表有什么看法?"你需要积极地帮助他们换位思考,让他们设身处地地体会别人的感受。没有你的指点,他们可能完全想不到这些问题。

帮助他们设定关系目标

具有捍卫标准型动机的人倾向于用定量的方式衡量目标,比如百分比和得分。正因如此,他们往往难以维持关系。关系的本质是定性的,且难以衡量。你需要让他们关注关系中的细节,学会通过双方对话和互动的情况以及彼此的亲密程度来判断关系状态。

适合的领域/工作

模范标兵

捍卫标准型的动机驱使他们努力与上级和组织的价值观保持一致。因此,任何需要积极响应领导号召的工作都让他们充满热情。他们享受且擅长落实组织文化、推广新制度等工作。此外,他们能有效地领导团队处理重大错误和不公正等组织问题。他们会不达目的不罢休。

可重复的工作流程

他们不仅追求完美的结果,也在过程中追求完美。因此,他们乐于承担能够提升自己的技能,并且获得完美表现的工作。

但是,工作方法多变或者预期结果不明朗的工作会让他们感到焦虑。因为他们总是试图弄清楚每种情况下最正确的做法和结果。

具有捍卫标准型动机的人很适合完成有明确指令的事务性工作。他们捍卫工作过程中的每一项标准，努力确保一切任务都按部就班地执行。

具有清晰指挥链的工作

明确的领导和有效的指挥会激发他们的工作动机。例如，许多有捍卫标准型动机的人都活跃在军事领域。在这种环境中，纪律严明，指令清晰。他们能够清楚地知道自己应该按照什么标准做事，也知道犯错的后果。此外，他们有一种非黑即白的世界观，丝毫不留争论和谈判的余地。他们最不能忍受的就是含混不清。

优化提升型：完美主义者，对眼前的成功从来不感到满意

让你最快乐的事就是靠自己的能力让事情变得更好。

凯文永远觉得现状还不够好。不论他的团队做什么，他似乎总能找到一些错误或者找到可以让他们的工作做得更好的方式。在把投标书寄给一位重要客户的前一天，他要求看到不同字体的多个版本。他会批评和反复质疑他们的策略，直到投标完成。这让他周围的人在最需要信心的时候反而备感紧张。随着时间的推移，他的团队才逐渐接受了他是一个完美主义者并且永远不会满足的事实。奇怪的是，凯文并不能理解他们。他从不认为自己的反馈是不合理的。毕竟，大部分的调整都很细微，而且据他所知，他们的工作的确变得更好了。他不明白为什么他的团队感到备受折磨。

凯文只是遵循他的动机来优化提升。即使其他人已经认为事情足够好了，他也要寻找把事情变得更好的方法。这样做的结果就是，工作成功了，但是团队关系变得紧张了。只有明白自己的动机是如何影响周围的人，才能在给别人反馈的过程中适当降低自己的完美主义，更好地激励团队。

没有最好，只有更好

在优化提升型动机的驱使下，人们会一直寻求如何把事情做得更好，或者如何在某些方面有所提升。他们很容易发现优化事物的方法。当其他人已经转而关注新项目或者认定某个项目很完美时，他们仍然能够找出改进这个项目的方法。他们喜欢选择新的系统配置，因为这样有利于提升系统的效率。

去上班的途中，蒂姆经常喜欢去一家咖啡店。它不是什么连锁店，无论是氛围还是管理都很随意。蒂姆喜欢他家的咖啡，但有时咖啡店的经营方式会让他觉得很烦躁。

最让蒂姆纠结的就是服务线路的设置问题。顾客在收银台支付费用，然后自助取咖啡。第一个问题是，杯子和杯套都在收银台的另一边。因此，在支付费用之后，顾客需要先走到另一边去拿杯子和杯套，然后排队去接咖啡。然后，又会遇到第二个问题：取奶和糖时又要回到拿杯子的地方。所以，蒂姆倒完咖啡之后，需要穿过顾客的长队来到放有奶和糖的桌子前，按照自己的喜好调配咖啡。

对于大多数客户来说，这是一个他们不太在意的小麻烦。然而，蒂姆的动机是优化提升。他多次尝试将杯子或者奶和糖移到更合理的位置，但是第二天，它们就又会回到原来那个不合理的地方。他甚至试图与员工交涉，但也无济于事。最后，蒂姆决定放弃这家他喜爱的咖啡店，改去几个街区外的星巴克。作为一家连锁企业，它有着便利的系统化流程，这一点不会把他逼疯。

虽然这是一个极端的例子，但对于那些有优化提升型动机的人来说，却是再正常不过的。他们致力于推动事情高效有序地运行。当他们遇到一些不够好或者可以变得更好的事情时，就会想要去改善它，将它优化到最佳状态。

在他们的内心深处，他们不关注问题的核心，只是一心想让事情变得更好。他们知道自己的工作很重要，因为他们在改变周围的人和事。他们是天生的多面手，对于自己专业领域之外的问题也一样能提出有效的改进意见。

创造更大的价值

他们最突出的特点就是能够从现有的资产、关系、系统、客户或产品中创造更大的价值。他们是那种会把最后一点点牙膏都挤干净的人。他们总能找到方法使现有的资源发挥出更大的价值，制造出更大的影响。

一切皆有可能

他们倾向于开发潜能。他们是识别"千里马"的伯乐。他们能够发现有潜力的员工和没有被充分利用的资源，并且将其创造出最大的价值。正因为如此，他们天生就有成为优秀管理者的潜力。他们不满足于"足够好"。他们执着于帮助周围的人提升自己，创造更大的价值。

优化提升型动机的弊端

与所有动机一样，优化提升型动机也有自己的弊端。有优化提升型动机的人容易成为"不速之客"，或者挣扎于进行一些没有意义的优化。

惹恼别人，提出别人不想要的建议或忠告

因为他们随时随地都能看到可以改善的机会，所以他们经常会干涉他人的生活和工作，并且提出一些不必要的改进建议。即使你没有征求他们的意见，他们也会说"你知道，如果你……可能会更好"或"你有没有考虑过……"。可以想象，这种行为很容易导致团队关系紧张，让团队中的其他人感到自己的工作一直在被指指点点。对他们来说，很重要的一点就是要分清哪些情况适合提建议，哪些情况不要加以干涉。

无法凭空产生想法

虽然他们能力过人，并且想要去优化提升，但是他们无法凭空产生想法。因此，在项目初期或者团队的探索阶段，他们也只能提供相对有限的帮助。你需要给他们一些引导，让他们进入正轨。

即使已经成功，也依然苛刻地要求自己和他人

由于他们有不断改善的动力，因此他们会让人感觉他们总是在鞭笞别人，对眼前的成功从来不感到满意。即使已经取得巨大的成功或者已经庆祝胜利之后，他们还是经常会再提出一些优化性的建议。这会让其他人感到懊恼。

无法接受不能改变的现实

总有一些人会不需要他们的帮助或者拒绝他们的建议，这会让

他们感到难以接受。他们很难和安于现状的人或组织建立关系，因为他们会不顾他人的意愿，强迫对方变得更好。如果他们的建议没有被采纳，他们就会不厌其烦地提出同样的问题，这让团队成员感到很紧张。

与具有优化提升型动机的人一起工作

帮助他们理解什么可以改变，什么无法改变

你可以直白地告诉他们哪些改变是不可行的。如果他们花费了大量的时间和精力，只为改善项目中最后一些毫不起眼的部分，那么你就有必要让他们意识到这些宝贵的资源可以在其他领域得到更好的利用。定期与他们确认工作任务的优先级，了解他们的短期计划，并且留意他们可能会过分投入的工作。

要做到这一点，可以通过以下问题来实现："在你负责的工作领域里，你是否遇到了无法解决的问题？"或者"目前工作中最让你沮丧的部分是什么？"这些问题都可能帮你了解他们在哪些地方花费了太多的精力，只为改进那些已经足够好的结果。

将他们分配到需要不断优化的项目中

与其将他们置于快节奏且不确定的环境中，不如让他们承担一些需要花费大量时间来优化效率的工作，例如重新设计系统、重新组织团队或者改善组织内部的沟通流程。但是，你一定要密切关注他们是如何开展工作的，避免他们惹恼自己的同事。同时，还要给他们一个清晰的标准，让他们知道自己做到什么程度就是完成任务，可以开展其他项目了。这一点尤其重要，否则他们将会积极地不断调整和改

进，直到耗尽时间和资源。

帮助他们从全局的角度了解组织或项目的本质

拥有优化提升型动机的人经常会迷失在工作细节中，最终结果是他们无法从宏观意义上看到自己的工作意义。相反，即使他们的努力对结果的影响微乎其微，他们也只关注如何用自己的方式对工作产生更大影响。你需要向他们展示如何用正确的方式影响你的服务对象。此外，要帮助他们明白，与未完成的完美工作相比，顺利完成的不完美工作更有意义。

给他们提供具体的改进建议

由于他们有动力做得更好，因此你可以给他们指出改善工作的具体方式，他们喜欢这种反馈方式。同时，不要给他们提出含混不清的反馈和建议，这对他们来说毫无用处。与他们进行一对一的交流，每次提出一到两个你认为可以提升他们领导能力、协作能力或者工作效率的建议。确保你的建议是合理可行的。他们会把你的建议当作一种鼓励，而不是批评。

适合的领域 / 工作

优化项目或组织发展的工作

在优化提升型动机的驱使下，他们努力想把"良好"变成"优秀"。 他们会在可以自由调整、试验和更改流程或产品的工作中有出色的表现。对于那些需要持续关注或持续提升的工作，例如程序员和混音师，他们也能做得很好。相反，他们在没有前期基础的工作中表现不佳，例如开发新产品、组建新团队。他们需要在前人的工作基础上发挥自己的才能。要先有千里马，他们才能成为伯乐。

人才培养工作

他们也同样很擅长识别人才。他们善于发掘别人的潜力，并且帮助他们提升自己的表现。他们会成为优秀的教练、老师或顾问，因为他们能够帮助其他人发现潜在的机会，即使是在自己专业领域之外他们也能如此。他们会在会议或者交流结束之后在脑海中进行复盘，思考下次如何做得更好，还会给周围的人提供建议（甚至是在别人不乐意的情况下）。

容易衡量成功与否的工作

他们积极地在成功的基础上再接再厉，不断向卓越迈进。因此，他们对任何能够让他们看到自己成绩的工作都充满动力。例如，有明确绩效目标的销售工作，或者有明确市场份额增长目标的生产线管理工作，都非常适合他们。如果成功的标准是模糊的，或者目标仅仅是"足够好"，他们很快就会失去兴趣。他们想要知道的是自己今天的成绩，以及如何在明天超越今天的自己。

解决问题型：善于找到问题核心，着迷于如何让事物正常运转

你的动力来自处理那些有故障或者功能欠佳的事物。

20世纪40年代是计算机时代的开端。军队和民间组织纷纷想要创造出能够处理复杂问题且运算速度超过人脑的机器。格雷斯·霍珀（Grace Hopper）是早期计算机领域的先驱之一，她是瓦萨学院）

（Vasser College）的一位数学教授。1943年，她加入美国海军，并在战争时期贡献自己的力量。她参与了几个重要的计算项目，并改变了计算机科学。她是发明计算机语言的关键人物，对计算机科学领域的贡献堪称传奇。有一次，她发现电脑里飞进去一只飞蛾，导致电脑短路。她把飞蛾（bug）弄出来，告诉大家她处理了电脑里的一个"bug"，这个说法沿用至今。现在，"bug"仍然被用来表达计算机代码的问题。霍珀是一个典型的问题解决者。她的同事说，如果他们在下班前讨论到一个问题，当他们第二天早上去上班时，霍珀就已经提出了解决方案。在谈及她的职业生涯时，她曾说："我一直对事物的运作方式以及如何让事物运转很着迷。"这个观点也是很多具有解决问题型动机的人的口头禅。

天生的问题解决者

具有解决问题型动机的人会从处理那些有故障或者功能欠佳的事物中获得动力。他们善于动态管理，对管理潜在的目标、系统和人员非常着迷。在困难和挑战面前，他们往往会表现出超强的毅力，不会轻言放弃。

追求实际

他们也非常务实。他们不关心事物的原理和长期目标，而是更倾向于思考如何在短期内有效地解决问题。

他们追求实际，且细致入微，善于通过剖析细节找到问题的根本原因。他们可以从一系列原因中找出问题的核心。他们具有出色的分析和调查能力，擅长剖析复杂的问题，能够轻松地将复杂情况化繁为简。

马不停蹄奔向下一个问题

与具有其他优化者型动机的人不同，具有解决问题型动机的人不太喜欢参与日常维护，而是更乐于从事具体的故障排除工作。具有解决问题型动机的人会发现问题并解决问题，然后就转向其他工作。一旦完成了使命，他们不会做过多停留，就会迅速投入到下一个需要解决的问题中。

他们擅长快速诊断和处理问题，能够高效地将项目、系统或组织带回正轨。他们像是专业的舵手，能够及时纠正偏航的船只。然而，在核心问题得到解决之后，他们很快就会对手头的工作感到厌倦，转而把精力投向下一个挑战中。

富有创意

他们是很有创造力的具有解决问题型动机的人，能够在面对困难时提出包含多种可能的解决方案。他们能机智地从已经解决和正在解决的问题中吸取经验教训，并将其应用到眼前的问题中。

解决问题型动机的弊端

问题无处不在

他们常常喜欢小题大做。因为他们天生就擅长发现和解决问题，所以他们有时甚至会提出一些子虚乌有的问题。当他们提出或试图解决一些毫无意义的问题时，就会给整个团队制造紧张气氛。尤其是当他们负责领导团队和分配任务时，他们可能会导致工作进程的拖延和工作目标的转移。

不顾后果

为了更好地了解系统是如何运作的,他们可能会先破坏本来运转正常的系统。然后,他们又不得不修复那些被自己破坏的系统,最终形成恶性循环。具有解决问题型动机的人往往会在好奇心的驱使下,忽略了自己的行为可能造成的负面影响。

制造不稳定因素

因为他们努力想要把事情变得"足够好",所以他们会不断对工作系统、工作预期和工作规范提出改进策略。他们不断纠错的行为可能是以牺牲组织效率和生产力为代价的。例如,其他有进取心的人可能会无法忍受他们的矫枉过正。

不满足于现状,一心只想要新的挑战

如果他们的工作是持续不断地为系统或客户提供服务,但真正需要解决的问题又很少,他们就会对工作感到不满,并开始关注一些无关紧要的问题。他们甚至可能通过无中生有地制造问题(例如破坏东西),来满足自己对解决问题的渴望。他们天生就是解决问题的能手,如果没有问题需要解决,他们就会变得焦躁不安。

他们还可能对平稳的工作现状感到不满和厌烦,因为虽然给了他们解决问题的机会,但如果不加以干预,他们就会失去对工作的兴趣。

和具有解决问题型动机的人一起工作

想要激发他们的驱动力,关键在于让他们在正确的时间用自己的方式解决问题。作为一名管理者,你必须与他们保持日常交流,了解他们正在着手解决的问题和在关键问题上的进展。

给他们解决问题的机会，使他们远离开放性的任务或流程

这一点至关重要。在正常运作的组织中，他们难以一直保持投入状态。他们会感到无聊或失落，进而开始制造问题，再自己解决问题。在组织出现问题或者无法正常运作时，他们是首选的"修复大师"，因为他们对此充满热情。因此，给他们解决问题的机会，让他们用自己的智慧和能力为组织解决棘手的问题。

关注决策和观点的实际意义

他们并不擅长理论领域。你需要帮助他们了解自己的决策和观点的实际意义。让他们知道，自己的决策和观点能实际解决什么问题，应该如何直接应用到自己的工作中，能带来哪些改善和优化。他们自己可能无法将这些内容融会贯通，因此需要你来给他们提供正确的引导。

让他们体验短期就能实现的胜利

他们的工作安排中需要包含一些可以在短期内轻松实现的胜利。这样，他们就会感觉自己在解决问题的过程中取得了一定程度的进展。如果他们的工作都是着眼于长期结果，那么他们就会逐渐失去动力。因此，可以给他们安排一些短期项目，例如筹办会议或重新整理日程安排。虽然这样做需要他们从正在承担的长期任务中抽出一定的时间和精力，但是他们会从这些短期任务的完成中获得动力，这会促使他们在更重要的长期任务上表现得更好。

把人际关系当作需要解决的问题

他们天生就是问题解决者。但是，他们不太擅长处理抽象的情感或关系问题。他们更偏向于分析型思维，而非直觉思维。因此，他们更愿意以程序化的方式处理问题。如果你要帮助他们解决这个问题，

你就需要在与他们讨论问题时明确具体的情况。例如,"导致你和比尔关系紧张的根本原因是什么?"或者"在和萨拉交流时,你能做些什么来提高他们的效率?"通过这类详细具体的问题,帮助他们思考如何做出改变,并且跟踪他们的进展。

如果你所在的团队中有一个具有解决问题型动机的人,他们会很乐意帮你解决问题。不要担心他们会拒绝你,也不要惊讶于他们的热情,他们可能会花整个晚上帮你找出解决问题的方法。另外,他们能很快帮你找到问题的关键。如果你的领导是一个具有解决问题型动机的人,你要准备好他们可能会频繁地要求你改进自己的工作,直到得到他们满意的结果。他们可能会表现出很强的控制欲。如果你无法承受他们的控制欲,那可以坦率地告诉他们,他们的过度参与已经影响到你的正常工作。你可以这样表达:"我能否先花一个星期的时间来完成这件事,然后再请您帮我指点?"或者"我能否在下次会议上提出我的方案?"

适合的领域/工作

问题解决类的项目

他们是天生的问题解决者。在解决问题型动机的强烈驱使下,他们会找到问题的根本原因并且进行弥补或改进。他们适合参加问题解决类的项目,例如诊断和分析客户的信息技术问题,或者研究财务部门员工的高流动性问题。一旦问题得到解决,他们就会迅速转向其他任务。但是,如果他们的工作中没有太多需要解决的问题,他们就可能会主动制造问题,从而给组织带来不稳定因素。因此,一份需要面对源源不断的新问题的工作就是他们的最佳选择。

改革／整顿组织

如果一家公司需要整顿，他们就是你的最佳人选。他们擅长进入一个有问题的系统、组织或团队，然后带领它走向正轨。他们有快速发现问题和解决问题的能力。他们的动力来自查漏补缺的工作。他们会为了解决问题而全力以赴。然而，一旦问题得到解决，他们就会失去兴趣。所以，一旦他们整顿的公司步入正轨，他们就不再适合继续领导这个组织。

分析和调查类工作

在解决问题型动机的驱使下，他们对搜集和筛选信息充满热情，并且具有很强的问题洞察力，这有利于他们处理棘手的问题。他们适合需要分析和深入研究的岗位，比如程序员、工程师、会计师、财务分析师等。此外，他们还擅长根据自己的调查和分析形成解决方案，并带领其他人实施这些方案。

推动发展型：喜欢全程参与，能把自己的新计划坚持到底

你的动机来自从开始到结束的全过程，在过程中推动事物的发展。

埃拉不明白为什么她的工作突然变得如此乏味。她最近被晋升到一个梦寐以求的职位——一家大型上市公司的公关和传媒部门负责人。然而，尽管她热爱这份工作的绝大部分内容，但她发现这份新工作并不像她想象的那样令人满意。就在几个月前，她还是部门的普通员工，负责一些重要的项目。她的工作就是提出新的概念并推广这些

概念。在很多情况下,她还会扮演向媒体或内部客户传达信息的角色。她最享受的就是从发现问题或需求到最终交付项目的全过程。当她回忆自己之前的工作时,她意识到自己已经找到了对现在的工作不满意的原因。作为管理人员,她只需要参与到项目中的某些关键环节,比如在项目开始或结束时签字,而不是像以前一样直接参与项目的全过程。她感觉自己现在离实际的工作内容越来越远。让她不满意的原因就在于,新角色赋予她的职责无法满足她的推动发展型动机。在找到原因之后,埃拉在每个季度都会亲自接手几个项目,从头到尾参与并完成它们。这些工作既激活了她的动机密码,又让她更好地了解了部门的现状。

过程导向

具有推动发展型动机的人热衷于参与事物发展过程中的每一个阶段,推动整个过程顺利完成。当他们参与到整个过程中,就会全身心投入其中。他们不会三心二意,也不会半途而废。他们很喜欢看到自己的工作是如何影响整个过程的发展的。例如,在开发设计的流程中,他们很享受把所有细节整合在一起的过程。

从始至终都参与其中

他们非常看重从项目一开始就参与其中。他们希望参与到项目的每一个阶段:从愿景的提出,到战略制定,再到项目执行,直至最终完成结项。漏掉了任何一个环节,都会让他们感觉失去了动力。他们不仅想参与项目的全周期,还对人员管理、技术开发甚至实体建造(比如装修办公室)都很有兴趣。例如,他们倾向于亲自参与到招聘中,亲自选拔、培养和提拔自己的员工。

脚踏实地

由于他们总是直接参与到工作中，因此他们更容易取得最真实可信的成果。他们办事踏实，任何小的进步都会让他们感到开心。他们乐于开启新的计划，即使中途他们被要求做其他工作，他们也会坚持完成原先的项目。一旦投入，他们就会坚持到底。如果让他们中途退出，他们会感到非常难以接受。

人缘很好

他们通常在培养人才方面也很有天赋。他们看重自己与他人之间的关系，并且会努力帮助对方实现目标。哪怕对方已经放弃了，他们也会义无反顾地坚持。这种特质让他们成为最善解人意的管理者。在别人攀登成功的阶梯时，他们就是"成功者背后的伟人"。

推动发展型动机的弊端

不必要的优化

在推动发展型动机的驱使下，他们总是试图将事情变得更好，或者寻求优化结果的方法。因此，他们可能会在其他人都认为结果已经"足够好"了之后，还纠结在这件事情上，并长时间地继续投入努力。如果他们是管理者，就会给团队带来压力。因为他们的团队成员已经为其他更加紧迫的工作做好了准备，而他们却还在纠结如何改进上一个项目。

无论他们担任什么角色，都坚持在每个阶段亲力亲为

对他们来说，直接参与项目、组织或系统的发展是非常重要的。

他们需要直接参与到决策过程中，最好还能参与决策的执行。对他们周围的人来说，这会给他们带来一种被过度控制的感觉，扼杀他们的独立性和创造力。随着时间的推移，他们会渐渐产生"只要告诉我该做什么就可以了"的心态，在工作中失去自主性。长此以往，团队的潜力将难以得到释放，团队也会越来越难以留住人才。

停不下来的改进，直到资源耗尽

即使结果对其他人来说已经足够好了，他们仍然会对自己负责的部分不断进行改进和优化。例如，如果他们是负责服务器的信息技术管理员，他们可能会在推动发展型动机的驱使下，不断地开发服务器系统，更新网络设置。他们并不会随着时间的推移就停下来，而他们最终呈现的结果可能会远超组织的需求。这样的行为很可能会导致组织的预算紧张，并给组织内部带来不必要的压力。

不愿参与日常维护

在项目结束后，他们会将目光投向未来，关注下一个需要推动和优化的项目。因此，他们很容易忽视必要的系统维护工作。当他们在工作中失去了新鲜感，或者发现可以推动和发展的工作已经全部完成，他们就会失去工作兴趣，不愿再投入时间和精力。

与具有推动发展型动机的人一起工作

感受到前进的动力，就能服从领导

由于他们总是围绕着过去的成就进行发展，因此你需要让他们了解你的指导将如何帮助他们在个人和职业方面取得新的发展。你可以通过给他们下达命令或者提建议来树立自己的领导威信，让他们按照你的指示行事。需要注意的是，要将你的建议与他们正在承担的工作联系起来，让他们感觉这是自己工作的一部分。

教会他们授权 / 委派任务

因为他们的过度参与会影响整个团队的决策和创造力，所以需要将他们过度参与的工作授权给其他人。你在与他们进行合作时，可以通过制定明确的管理方式或团队管理指南来限制他们过度的控制欲。一种有效的方法就是帮助他们区分哪些任务是可以由其他人分担的，哪些是需要亲自参与的。你可以让他们思考这两个问题：自己正在做什么，以及下周计划完成的任务是什么。然后，你可以告诉他们要学会将不需要亲力亲为的工作授权 / 委派给其他人。

明确人际关系的界限

他们有时可能会过度干涉他人的发展，比如他们可能会对他人的职业发展计划指手画脚，想要帮他们做决定，或者鼓励他们从事自己能力范围之外的工作。你可以先分析他们在生活中与他人的交往方式，以及他们对交往对象有什么期望。你需要了解他会在哪些方面将自己不切实际的想法强加于他人，或者他们会在哪些方面为了实现自己的目标，不顾他人感受。

从发展的角度重新制订日常维护计划

如上所述，他们不喜欢被日常维护的工作所限制。例如，与其自己进行维护，他们更倾向于开发一个新的系统来帮助他们完成这些工作。或者，他们会将维护工作拆解成许多小任务，以便他们可以从发展的角度看待这些小任务，而不是将其视为单调的重复性维护工作。

如果你所在的团队中有具有推动发展型动机的人，你要留意他们对从始至终参与项目每个阶段的渴望。你可以在项目过程中的关键节点邀请他们参与其中，让他们在自己最感兴趣的部分发挥主导作用。同时，也要警惕他们可能会过度消耗团队的资源。如果你注意到他们在项目的某个部分消耗了太多时间，要及时提醒他们。

适合的领域 / 工作

全程参与的角色

从项目构思、战略制定，到项目执行，再到最终项目的完成和庆功，他们自始至终都表现得精力充沛。他们希望直接参与到项目的全过程中，他们会因为中途被迫离开项目而感到沮丧。如果让他们全程参与，亲力亲为，就能激发出他们最佳的投入状态。

设计类工作

他们渴望参与从提出概念到实际执行的全过程。因此，他们适合那种能够参与项目全周期的工作，例如建筑设计和平面设计。任何能让他们创造梦想、再亲自实现梦想的工作，都会是他们热爱的工作。

追求增长的组织

他们对增长有一种特殊的偏好，喜欢在原有的基础上进一步推动发展。因此，他们适合扩张期的企业以及需要进入新市场或寻觅新商机的组织。他们有强烈的动机要把自己的新计划坚持到底，绝不会错失任何机会。

建立根基型：知道如何从一开始就把事情做好

你的动力来自关注问题的根源，你会通过打下坚实的基础，为后续的发展做准备。

这么多年来，当我获得某个新机会或准备开始新的业务时，我都会求助雅各布。他能很快确定我需要如何迈出第一步。他经常会给我提供一些我意料之外的机会或问题。有一天晚上，我们和他就本书以及我们团队进行的相关工作进行了一次愉快的交流。他给我提了一些基础性的建议，包括我们应该如何看待我们的产品，如何构建一项长期可行的业务，以及如何让企业的首席执行官和董事会感受到我们的研究结论的可信度。我之所以寻求雅各布的建议，是因为他身上带有建立根基型动机的特质。他知道如何从一开始就把事情做好，同时在追求效率和追求结果之间找到平衡。

奠基人

那些具有建立根基型动机的人关注如何构建稳固的基础，为后续的发展做好准备。他们对处理紧急事务和临时性工作不感兴趣。相反，他们更愿意为经得起时间考验的事物打下坚实的基础。若干年后，当他们看到别人在自己奠定的基础上获得成就时，他们会感到非常满足。

重视目的性

在他们眼中，想要做好一件事最重要的就是要有明确的目的。目的不明确或者底层逻辑不清晰，都会让他们缺乏参与的动力。在行事中，他们喜欢采用那些经过多次验证的成熟方法，他们也喜欢跟有信誉的人共事。他们对投机的行为和未知的领域毫无兴趣。相反，他们想要与有成功经验的团队和组织合作，因为它们明白根基稳固的重要性，这是持久稳定的基础。

想要产生重要影响

对他们来说，是否能够成为主力队员并不重要。他们付出努力并不是为了出名。他们只希望自己的努力能够成为团队成功的重要因素。如果他们和其他人一起构建的根基能够在未来很长一段时间内对团队产生持续影响，他们就心满意足了。

可靠、值得信赖

他们往往是非常可靠且值得信赖的。他们对你和团队都很忠诚。你不必担心他们别有用心或者有坏心思。他们会坚定地站在你这边，坚守工作的目标和计划。

善于评估计划的可靠性

他们善于评估计划的可靠性。他们能帮助你衡量你的计划是否建立在正确的基础上。他们希望所有的事物从一开始就井然有序、稳定向前推进。他们是可靠的团队成员。如果你让他们承担新项目或新计划，你完全不用担心他们会忽略创业初期的任何重要细节。

有始有终

他们做事有始有终，不会半途而废。他们可能会为了确保每件事都做得很好而影响办事效率，导致做事拖延。但是毋庸置疑，他们会一直坚持到底。

建立根基型动机的弊端

具有建立根基型动机的人能够确保任何事情都能顺利地完成，但他们也有需要改进的弊端。

他们往往是死板、不灵活的，有时还会钻牛角尖

一旦他们心中有了明确的方向，并且找到了自认为"正确的方式"，他们就很难被其他人说服。因此，他们不会轻易做决策。一旦他们选定了一条道路，他们就不会动摇。

跟不上创新的步伐

因为他们热衷于采用被验证过的、可靠的方法和技术，所以可能会落后于创新的步伐。你需要让他们体会到某些新方法可能和他们多年坚持的方法一样有效，甚至效果更佳。

对表现不佳的人缺乏同理心

他们的人生关键词就是履行承诺和有始有终。他们无法理解和他们观念不同的人。当团队的某个成员表现不佳或者工作缺乏紧迫感时，该成员就会被他们无视或者排斥。或者，他们会完全不顾对方的感受，强行施压，迫使对方完成工作。

不服从新领导

在他们眼中，按规矩办事非常重要。所以，他们通常不信任新的领导，也很难接受计划的改变。他们需要一段时间来建立信任，适应新的变化。但是，一旦他们决定支持你，就会全力以赴。

与具有建立根基型动机的人一起工作

需要注意的是，在与他们交流的时候，他们不是要故意质疑你或你的想法。只是他们要在确认你是正确的之后，才会对你心服口服。

有理有据

当和他们分享一个新的想法时，要用模型、实例和数据来证明你的观点。让他们知道你的想法不是凭空产生的，而是建立在扎实的理论基础之上，并且之前已经有了类似的成功先例。

直截了当，逻辑清晰

直白地表达你的观点，能让他们更好地理解你的逻辑。如果你不能直接地切入主题，他们就会对你产生怀疑，甚至不愿与你合作。因此，在沟通中要做到直截了当、逻辑清晰。

展示你的实力

他们需要知道你曾经成功过，并且还能再成功。不要掩饰自己过去的成功经历，让他们知道你不仅能成功，还能够将过去的辉煌延续到现在的工作中。只要你选择的方法都得到过验证，他们就会相信你的直觉。

从信任到忠诚

他们需要时间建立信任感。一旦你赢得了他们的信任，你就会感到如虎添翼。他们会展现出绝对的忠诚和优秀的能力，会为了你和组织的发展而全力以赴。

第 7 章　让团队始终保持高效率运作的优化者

适合的领域 / 工作

项目早期的基础性工作

在建立根基型动机的驱使下，他们渴望把事情从一开始就做好，处理好所有的细节问题，为后续的发展做好准备。因此，如果想要确保工作万无一失，他们是最值得信赖的人选。他们会帮你打下稳固的基础。

分析类工作

他们能快速判断事物是否可靠。在展开新合作之前，他们会仔细分析研究，确保没有纰漏。他们积极地寻找志同道合的人；如果与对方有分歧，他们会努力寻找达成共识的方法。

能体现出自己直接影响力的工作

他们不在乎自己是不是核心角色，也不在乎自己的贡献是否得到认可，但他们必须能够看到自己所做的工作对最终结果产生了影响。如果他们无法在整个项目中体现出自己的价值，而是只起到了锦上添花的作用，他们可能很快就会失去热情。如果他们能够感受到自己的建议和贡献对结果产生了重要的影响，他们就会心满意足。

写给具有优化者型动机的人的忠告

具有优化者型动机的人会让你的团队保持最高效率的运作。他们会确保万无一失。然而，他们只能对那些有趣且重要的问题保持热情和投入。如果你的动机密码中包括优化者型动机，这些建议可以帮助你优化未来的生活和工作。

学会辨别什么是真正的问题，什么是无关紧要的问题

在优化者型动机的驱使下，你很容易看到需要改进的问题。你需要做的是训练自己辨别什么是真正值得关注的问题，忽略那些没有意义的问题。记住，不要画蛇添足。

不要强人所难

你发现别人的生活中有需要优化改进的方面，但是他们却对你的建议毫无兴趣。这可能会让你很失望，但是这并不是你的问题。你应该把关注点放在值得关注的问题上。如果你是他们的管理者，那就专注于让他们意识到为什么他们要在某些方面提升自己，而不是简单要求他们必须去做什么改变。

给其他人参与的机会

优化者们经常面临的一个问题就是过度干涉别人的工作，并且有强烈的控制欲。你需要学着调整自己的控制欲，把注意力集中到关键问题上。你的影响力也可以通过培养人才来实现。通过你的培养，提升下属和合作者的思维和能力，帮助他们更上一层楼。

把工作拆解成短期、容易实现的小目标

你可能会通过处理问题的数量或者某件事的完成比例来衡量自己的进度。如果目标长期无法实现，你就会失落和气馁。因此，你可以把自己的大目标拆解成许多短期可实现的小目标，这样你就能体会到自己是如何一步一步接近最终胜利的。

第8章

聚光灯下最耀眼的灵魂人物

> **共同特征**
>
> - 想要成为行动的中心;
> - 从个人的贡献得到认可中获得力量;
> - 致力于展示自己与其他团队成员之间的不同之处;
> - 在扩大自身的影响力和控制权中找到动力。

有些人天生就是聚光灯下耀眼的存在。他们想要站在舞台中央,成为被人关注的焦点。他们随时随地都希望突出自己。他们就是被灵魂人物型动机驱动的人。他们才华横溢,又具有独特的思维方式。他们善于通过自己的分析和规划推动事情顺利向前,最终创造非凡的成果。他们渴望突出个人的卓越贡献。同时,他们有很强的竞争优势,能够清楚地了解自己和他人之间的不同之处,并且总是想要争取主动权。

灵魂人物型的动机类型包括以下六种:

- 引人注目型;
- 掌控全局型;
- 与众不同型;
- 核心角色型;
- 渴望拥有更多型;
- 追求卓越型。

引人注目型：渴望吸引他人的注意，获得外界的关注

你渴望吸引他人的注意，获得外界的关注。

克里斯蒂是一位出色的市场营销人员。在过去的几年里，她从同事中脱颖而出，一步步得到晋升，直到她在公司内部建立了自己掌管的部门。随着职位的晋升，她的工资也大幅提高，并且她获得了更高的工作灵活性。她可以雇用任何她想雇用的人，并根据自己的意愿组建团队和项目。这是一份她梦想中的工作。

去年秋天，她被公司授予了一项很有影响力的荣誉，以表彰她对公司做出的贡献。她的领导在台上花了五分钟对她大加褒奖，赞扬了她所有的成就和她对公司的付出。对克里斯蒂来说，晋升机会、工作灵活性和她从组织中赢得的信任都远不如领导的赞赏重要。事实上，在那天晚上之前，她始终对自己的职业发展感到些许沮丧。但是在听到领导的赞赏之后，她欣喜若狂，立刻准备好迎接新的挑战。这是关于引人注目型动机的人的经典案例。

因为受到关注而感到兴奋

具有引人注目型动机的人非常渴望获得外界的关注。他们迫切想要吸引他人的注意，引起他人的兴趣。他们渴望有人看到自己的努力。如果同事和下属能注意到他们的付出，他们就会尽全力表现出最佳的工作状态。他们总能快速找到吸引他人注意力的方法，并且在最合适的时间展现自己。当自己的工作得到别人的肯定后，他们就会动力满满。但是如果他们的贡献被人无视了，他们就会失去积极性。对

他们来说，如果没有观众和掌声，再重要的工作职责也无法激起他们的动力。所以，如果有机会，他们更倾向于选择那些能为他们赢得更多关注或者为他们增加声望的工作。

因为他们总能敏锐地发现外界最关注的问题，所以很善于吸引组织和同事的注意。他们的光芒也会影响到周围的人，带动其他人和他们一起努力。

渴望受人瞩目

他们享受高调行为所带来的压力。他们虽然嘴上会抱怨，但实际上内心却非常渴望成为"公众人物"。他们会被那些"受人瞩目的"或"有声望的"角色所吸引，希望自己也拥有一群忠实的观众。

天生的表演者

他们通常也具有很强的表现力和影响力。一旦抓住机会展示自己，他们就会大放异彩。他们能够在竞争激烈的环境中脱颖而出。此外，为了完成目标，他们会充分发挥自己的魅力和实力来说服和影响他人。

引人注目型动机的弊端

他们渴望生活在闪耀的聚光灯下。但是引人注目型动机也有一些弊端。

迷失自我

由于他们所做的大部分事情都是为了获得观众，因此他们很容易迷失自我，忘记自己是谁以及自己真正想要的是什么。玛丽莲·梦露经常说她"属于全世界"。她的存在不是为了自己,而是为了公众。对于具有引人注目型动机的人来说,他们做的每一件事都是为了获得别人对自己的认可。玛丽莲·梦露的摄影师发现,当闪光灯亮起时,她就会格外神采奕奕;而拍摄结束后,她就会变得无精打采。

渴望成为焦点

因为他们希望自己的工作被人注意到,所以他们总是会迅速将自己置于外界关注的焦点上。然而,这也导致他们会为了获得更多赞誉而夸大自己在项目中的贡献。此外,他们会为了成为会议中的焦点,而刻意占用过多的会议时间。不管怎样,他们会为了赢得关注而排挤周围的人,或者抢占别人的功劳。

需要不断被认可

由于他们的驱动力来自被人关注,因此他们可能会不断地向你和周围的人寻求反馈。在某些情况下,他们只能从外界的反馈中真正了解到自己做得如何。因此,你要真实地表达出自己的想法,不要吝啬对他们的赞美。你的赞美会让他们充满活力。

过分在意自己的声誉

他们通常对别人如何看待自己非常敏感。被忽略或被轻视会让他们开始反思自己。如果他们觉得你不喜欢他们,他们会努力争取,只为赢得你的青睐。如果他们对自己在某次公共场合的表现不满,他们会在长达数周内反复在脑海中重演这一事件,试图思考自己如何才能做得更好。在他们眼中,声誉至关重要,他们必须要确保自己的声誉完美到无可挑剔。

无视别人的付出

在合作中，他们可能会无视他人的重要贡献。他们认为自己才是灵魂人物。他们坚信，没有他们的贡献，团队就不可能成功。这并不是因为他们自私，也不是他们想炫耀自己的地位。这只是引人注目型动机的人的特征之一。

如何鼓励具有引人注目型动机的人呢？以下有四种方法：

- 在团队面前认可他们的成功，注意一定要具体说明他们做了什么贡献；
- 在便签上为他们写下激励的话语；
- 允许他们担任团队工作中的主讲人；
- 在领导的邮件中称赞他们的工作，并将邮件抄送给他们。

与具有引人注目型动机的人一起工作

不要让"引人注目"成为一种困扰

他们有渴望成为关注焦点的需求。这种需求虽然不一定受人欢迎，但是对他们来说却是必不可少的。因此，你应该让他们意识到自己的行为会对周围的人产生什么影响，而不是直截了当地反驳他们。例如，如果他们在会议中占用了过多的时间，你可以问他们："你认为朱莉还有足够的时间来展示她的观点吗？"通过适当的引导，你可以帮他们意识到自己渴望被关注的动机会给团队和队友带来怎样的影响。此外，所有人都应该明白，动机是一种天赋，不是负担。虽然追求引人注目可能会带来一些不必要的麻烦，但是也会给自身和组织带来巨大的好处。他们并不是自私，只是不分场合地想要引人注目。因此，你需要帮助他们区分在什么样的情况下可以突出自己，在什么样的情况下要保持低调。

给他们发光的机会

只要有机会走到聚光灯下，他们就会大放异彩。相比自己争取来的机会，他们格外重视团队和组织赋予他们的使命，他们会为之全力以赴。他们适合承担公开演讲、企业介绍、发言人以及公关类的工作。他们会非常珍惜那些让他们备受瞩目的机会。

给予他们认可

不要吝啬你的赞美。当他们受到鼓励或是得到渴望已久的关注时，他们就会表现得非常活跃。不过，不要总是给他们不真诚的赞美。他们很聪明，能识别出你的话是不是虚情假意。相反，你要尽量多突出他们的个人贡献，吸引外界对他们的关注。这样做就很容易点燃他们的热情。任何引人注目的机会都会激发他们的动机。

适合的领域/工作

面向公众的角色

他们想要出人头地，想要得到认可，想要让人印象深刻，甚至想要青史留名。即使他只是简单地参与了项目中的一个小部分，他们也希望别人认可他们的功劳。因此，他们喜欢在结项之前加入团队，帮助团队展示成果。这是他们最擅长的工作。但是，他们对需要独立完成的工作和无关紧要的小任务积极性很低。

表演者

他们经常被表演、音乐、戏剧和公众身份所吸引。他们善于应对压力，因为有压力感就是他们的日常状态。无论是在戏剧表演中还是在向高管展示品牌重塑策略时，他们都能察言观色，凭直觉就知道如何引导别人的情绪反应。

有发言权的团队

当他们在一个能够自由发表意见的环境中工作时，他们就会感到精力旺盛。他们希望外界能听到他们的声音，重视他们的观点。当他们觉得自己不被其他人接纳时，他们就会理所应当地抢占主导地位，完全不顾及别人的想法。

掌控全局型：人想要掌控自己的命运和周围的一切

你想要掌控自己的命运。

20世纪七八十年代，计算机制造商中存在两种截然不同的理念。一个阵营认为，计算机平台应该是开放的，允许其他制造商接入甚至修改它的功能，这样计算机就可以根据每个用户的需求进行定制。另一个阵营则以苹果公司及其联合创始人史蒂夫·乔布斯为代表，认为计算机系统应该是封闭的。无论是外观设计还是内部运行的软件，制造商都应该保持对所有功能的控制。乔布斯以注重细节著称，他甚至要求机器内部必须和外观一样完美。沃尔特·艾萨克森（Walter Isaacson）在乔布斯的官方传记《史蒂夫·乔布斯传》中写道："他的核心原则之一就是硬件和软件必须紧密相连。他喜欢控制自己生活的方方面面。在他设计的电脑上也要体现出这一点，而唯一方法就是对用户的体验全权负责。"这是掌控全局型动机的人的典范。

不愿受制于人

具有掌控全局型动机的人想要掌控自己的命运和周围的一切。他们最看重的是受制于人，他们希望能够自主选择职业、独立做决定。独立自主对他们来说至关重要。只需要给他们一个目标，并且让他们自由地选择实现目标的方式，他们就会全力以赴。

独断专行

他们往往非常独断专行，在领导团队的时候尤其如此。他们会努力掌控团队的方方面面，甚至会因为过度控制而扼杀团队的创造力。正因为如此，他们享受权力带给他们的快感，这让他们可以按照自己的意愿决策，随意调动资源和分配工作。

有感染力的自信心

他们的自信会感染整个组织，提高组织的整体自信水平。在做决定时，他们的决心和自信会让周围的人觉得很安心。他们会在其他人的质疑声中自信满满地宣布自己的未来计划。

维护秩序

他们善于在混乱中建立秩序。当其他人被事物的不确定性击退时，他们会勇于承担起重任。他们有处理混乱问题的天赋，即使面对一团散沙，他们也不会被吓退。他们的自信会激发下属的忠诚。无论他们是否担任组织中的正式领导，他们都是凝聚组织的核心力量。正因为如此,他们的存在可能会对组织中的其他领导者构成威胁。

掌控全局型动机的弊端

虽然他们的掌控力和影响力是组织中的重要财富,但他们的这种动机也有一定的弊端。

过于专制,喜欢下命令

只要能实现目标,他们愿意不惜一切代价。在别人眼中,他们说话和办事的方式可能很不留情面。他们对弱者也总是缺少同情心。具有掌控全局型动机的人认为所有人都应该按照他们的意志来行事。只要是他们认为有意义的事情,他们就会努力说服别人也去做,丝毫不考虑对方的感受。虽然他们的方法可能的确有利于实现目标,但是别人却并不一定接受。

不听取不同意见

他们只相信自己的想法,任何不同的声音都会被他们视为威胁。即使他们有时也会参考外界的声音,将新的思路融入自己的观点,但是他们绝不会彻底改变自己的立场。

不愿承认错误

他们总是试图为自己的失败辩解。他们会将失败描绘成另一种成功。他们也会把失败比作成功路上的小插曲,称之为成功的垫脚石。

对自己和他人要求严苛

他们的终极目标是按照自己的意愿实现目标,为此他们会不惜一切代价。因此,他们会迫使其他人不断挑战自己的极限,甚至工作到精疲力竭。他们要求下属在工作中必须精益求精，把工作做到无可挑剔。不仅如此，他们还会不留情面地批评下属。在他们看来，如果你达不到他们的标准，你就是不尊重他们。

与具有掌控全局型动机的人一起工作

坚持自己，不要退缩

要坚持自己的观点，这样你才能赢得他们的尊重和信任。如果他们觉得你的立场不坚定，就会认为你是一个懦弱的人，从而轻视你。与他们共事一定要坚持原则。必要时，应努力争取和他们求同存异。

明确界限和目标

不要让他们干涉你的私人空间。向他们表明你的时间安排，并要求他们必须严格遵守。此外，明确你们之间的关系预期，一旦他们越界，就勇敢地提出抗议。如果你觉得他们对待你的方式不好，就明确地告诉他们你的不满，希望他们能够给你更多的尊重。如果晚上10点他们还在给你打电话讨论项目，提醒他们你有自己的私人生活，你很乐意在工作时间与他们讨论，而不是现在。

了解自己的行为结果

你需要帮助他们意识到，虽然掌控全局的动机会给组织带来积极影响，但过度的控制欲也会给组织带来消极作用。让他们明白他们的行为会对你和其他团队成员造成什么影响，然后纠正和改进他们的行事方法。要允许他们有自己的想法，这样他们就更容易坚持到最后。

不要因为他们的错误而针对他们

当他们不可避免地犯错时,不要针对他们。重点是向前看,讨论解决方法。只有让他们认识到承认错误能够为他们赢得信任,他们才更愿意承认自己的错误。不要总是揪着他们过去的错误不放。在讨论未来的时候,不要翻旧账。

适合的领域 / 工作

有自主权的工作

他们不愿受制于人,也不喜欢受各种规范的束缚,他们渴望走自己的道路。拥有工作灵活性能够激发他们的动力。他们所拥有的独立意识是团队中的重要品质。他们往往会成为优秀的企业家,尤其是独揽大权的个体创业者。

管理混乱的环境

他们能给处于迷茫中的人指明方向,也给他们带来信心。他们擅长处理混乱的工作问题,能够帮大家指引方向。因此,他们带领的团队往往非常忠诚,因为他们善于平息团队成员的恐慌。然而,他们也可能会表现出过度的掌控欲,或者在工作中吹毛求疵,这会让团队成员感到沮丧,影响他们的工作。他们通常会在别人感到迷茫时挺身而出,主动承担起领导的责任。

追随有自信的领导

对于缺乏安全感的领导来说,具有掌控全局型动机的人的掌控力会成为一种威胁。因此,他们可能会长期陷入与领导之间的权力斗争中。然而，如果领导有足够的安全感，并且对具有掌控全局型动机的人的能力有信心，那么有这样的下属追随就会让他们如虎添翼。

与众不同型：追求独特，对"独一无二"有着迫切的渴望

你想要通过展示自己与众不同的能力、品质或特质，体现出自己独特的优势。

每个人都是独一无二的个体。我们身上都带有不同的个性、优势、兴趣和动机。然而，具有与众不同型动机的人不仅能够意识到每个人的独特性，更希望通过展示自己与众不同的能力、品质或特质，将自己和其他人区分开来。他们想要突出自己的独特性，在人群中显得与众不同。虽然我们每个人都有独特之处，但并不是所有人都像具有与众不同型动机的人那样对"独一无二"有着迫切的渴望。他们主要会对能够体现出自己独特性的事物感兴趣。

渴望被关注

具有与众不同型动机的人不愿埋没在人群中。他们会通过自己的穿着和言谈举止与他人形成对比，突出自己的独特之处。他们不喜欢从众，常常会做一些不同寻常的事情，以彰显自己的与众不同。

创新的源泉

他们喜欢关注独特的新事物。当某个工作方法过于陈旧时，他们能提供许多新思路。他们能创新性地提出有益于组织变革的方法。

坚持己见

当他们不认同主流思想时,他们就会毫不犹豫地提出反对意见,并坚持己见。他们不愿意为了避免矛盾而从众。他们会直言不讳地表达自己的观点,明确自己的立场。

对新事物保持开放

他们对独特性的渴望会将整个团队带入一个全新的未知领域。当具有其他动机的团队成员更愿意稳妥行事或将团队进度放在第一位时,追求与众不同的人会专注于另辟蹊径,用独特的方法带领团队脱颖而出。他们的努力可能给团队带来令人惊讶的积极结果,也可能让合作者感到不适应。

与众不同型动机的弊端

他们对独特性的渴望会给你们的交流带来新的启发和有趣的观点。但是,这种动机也有一定的弊端。

喜好争辩的"杠精"

因为他们的动机在很大程度上源于自我与他人之间的比较,所以他们很容易给别人留下喜欢争辩的印象。这种"杠精"的态度会影响他们的工作进度,因为即使是在简单的工作中,他们都想要表现出一些独特之处,虽然他们的努力可能对结果无益。

总在与他人做比较

对与众不同的追求来自人与人之间的比较,这意味着他们必须时刻观察周围的环境,发现自己和他人之间的差异。然而,这也可能产生不必要的比较。有时候最简单的方法，往往最有效。然而，他们却为了追求独特性而把事情变得很复杂。

想法不切实际

他们不愿墨守成规，这也让他们的梦想远远超出现实的界限。面对他们不切实际的想法，他们的队友不得不把他们拽回现实。在这种情况下，他们就会感觉自己像是"受迫害的艺术家"一样被孤立，没有人重视他们独特的想法。

渴望被认同

由于他们始终在寻求他人的反馈和认同，因此他们可能无形中增加了领导的负担。当他们觉得自己没有得到应有的关注时，就会心生怨恨。

和具有与众不同型动机的人一起工作

和他们一起工作的感觉有点像坐过山车。他们一会儿站在这个立场上，一会儿又标新立异地跑到另一个完全不同的立场上。因此，和他们相处要有耐心，要学会欣赏他们给团队和工作带来的独特性。以下是一些与他们相处的建议。

对他们充满期待

你要尽可能提前预期他们的行为。你准备得越充分，你们的合作就越可能成功。不要因为他们的越界而生气。你可以告诉自己，他们的动机就是要与众不同。

保持开放性

也许你并不喜欢与众不同，而更愿意选择经过验证的、可靠的工作方式。那么，在和他们开会之前，你可以提醒自己，具有挑战性的观点和新的工作思路也是有价值的。

制止不利于团队的不合群行为

勇敢地指出他们不合群的行为给团队带来的不利影响。相反，当他们与众不同的想法能给团队带来帮助时，你应该表现出亲和友善的态度；那么作为回馈，他们也会更容易理解和感激你给他们提出的建议。

赋予他们工作灵活性

不要把他们禁锢在一个循规蹈矩的角色中。即使他们有能力实现目标，工作的局限性也会让他们感到很痛苦。如果想要激发他们的动力，就给他们一定的自主权，让他们灵活选择工作方式。但是要注意，赋予他们的工作灵活性必须是在一定范围内的，不能让他们为所欲为。

适合的领域 / 工作

展现自我的角色

如果给他们机会让他们从同伴中脱颖而出，他们会充满热情。从众是他们的死敌。正因如此，他们不愿意从事穿制服的工作。他们梦想中的工作，应该能让他们自由地表达自己的观点、证明自己的与众不同之处。因此，他们适合创造类的工作，以及强调原创性或有冒险性的工作。

创意型领导

他们通常是为项目提供新思路的源泉。他们周围的人也都能从他们身上获得启发，从而推动团队开辟新的发展领域。因此，他们通常是优秀的团队领导者。他们会尝试挑战那些已经经过验证且行之有效的结论，也会时不时地提出新的观点。

凸显自己独特之处的工作

由于他们追求与众不同，因此任何能让他们的个人表现得到认可和奖励的角色都会激励他们。如果他们的工作主要是基于团队，没有给他们展现自己独特之处的机会，他们就会失去动力。他们关注的不是自己能否为团队做贡献，而是自己的贡献是不是团队中独一无二的。如果能为组织做出独特的贡献，他们就会感到很幸福。

核心角色型：值得信赖，渴望成为影响组织成败的关键人物

你的动力来自成为关键人物——能够把人们团结起来，为他们指引方向；或者把事情整合起来，赋予它新的意义。

有些人的动机是想要成为关键人物，成为组织中的核心角色。他们的动力来自发号施令、整合资源和带领团队或项目。他们渴望在项目的关键决策和战略制定中扮演重要角色。

积极参与行动

具有核心角色型动机的人基本上都处于组织的核心位置。他们倾

向于选择那些能参与所有行动和决策的角色。他们会寻找机会接近掌权者。越是中心的位置,越会让他们感受到自己的重要性。

渴望被委以重任

他们渴望获得临危受命的机会,希望自己能够成为在最重要的时刻被委以重任的人。他们认为自己是成功的关键,并且希望别人也意识到这一点。成为核心角色会给他们带来动力。有时他们的动力来自知道自己的贡献至关重要,即使不被关注也无所谓。他们最希望得到的认可,就是"没有他,就没有成功"。

渴望权力

他们想要成为领导手下最重要的人。所以,他们的生活和工作都围绕着掌权者展开。他们会努力去了解和满足领导的需求。仅仅是接近权力的中心,有机会影响重要的决策,就能带给他们动力。

团队成功的关键

具有核心角色型动机的人往往在成功中起着关键作用。"没有他,我们根本不可能成功"是他们最渴望听到的赞赏。正因为如此,他们非常值得信赖。因为他们会为了成功而努力坚守自己的职责。站在核心位置的他们拥有独特的视野,这也决定了他们优秀的整合能力,使他们善于处理复杂多样的问题。

核心角色型动机的弊端

他们渴望承担重任,成为组织中的核心人物。然而,核心角色型动机也有一些弊端。

容易劳累过度

他们渴望体现自己的价值，只要有需求，他们就会积极响应。想要成为核心角色的动机驱使他们努力去站到事件的核心位置，但这也会让他们因为过度劳累而感到精疲力竭，甚至影响身心健康。他们不擅长拒绝，一旦有了目标，他们就会全力以赴。

不请不来

他们通常会等收到别人的邀请之后才行动，因为他们想要确保自己的贡献是项目成功的关键。除非他们认为自己的想法真的很重要，否则他们不会轻易提出自己的观点。

依附权势

由于他们为了实现目标而不惜一切代价，因此有时会依附权势。稍有松懈，他们可能就会被领导带偏，出现上行下效的情况。

反复强调自己的重要性

他们时不时就会强调自己的重要性。他们迫切需要别人肯定他们的价值，时刻都在证明"没有他，就没有成功"。

如何激励具有核心角色型动机的人：

- 邀请他们参加重要的私密会议；
- 在做每个重要决定前征求他们的意见，特别是能够影响整个团队或组织的决定；
- 讨论问题时，先让他们发言。

与具有核心角色型动机的人一起工作

为了成为核心角色,他们会全力以赴。他们值得信赖,做事可靠。我们需要关注的是他们的身心健康和幸福感。

关注压力

他们通常会同时承担太多工作,这导致他们分身乏术,无法承担真正重要的任务。当他们肩上的任务太重时,他们会感到不知所措。因为害怕被取代,所以他们不愿承认自己的无能为力。你需要让他们明白,想要成为核心角色的动机既是动力,又是压力。

警惕冲突

他们会尝试做一些超出自己能力范围的工作。在团队中,他们可能不愿意把工作分给别人,也会故意不把重要信息透露给其他团队成员。这是他们的做事方式,但这种方式很容易制造矛盾,因为其他人会觉得他们抢走了自己的机会。另外,如果他们觉得自己不是团队中的核心角色,就不会努力地付出。

避免命令式,增加自主权

尽量让他们自己决定行动方案,而不是告诉他们该怎么做。给他们自主权会让他们觉得自己能对决策起关键作用,而不仅仅是一个被支配的工具人。对于想要成为核心角色的人来说,最重要的是让他们感到自己站在核心位置,而不是旁观者。

慎用考核指标

想要成为核心角色的人通常很厌烦考核指标,这并不是因为他们不重视绩效考核,而是因为他们觉得自己对团队的付出和在团队中的核心地位足以证明他们能够顺利完成任务。如果你用指标限制他们，他们就会觉得你多管闲事。他们甚至还会觉得你质疑他们的忠诚度，这对他们来说是一种侮辱。他们需要的是能够反映他们对组织所做贡献的评价标准。

适合的领域/工作

可以直接参与决策的工作

他们必须看到自己正在无限接近组织的核心位置，并渴望直接参与重要决策的制定。他们希望自己是影响组织成败的关键人物。他们最看重的就是"没有我，就没有成功"的感觉。

团队的主心骨

他们希望成为团队的"主心骨"。在整合信息和决策的过程中，他们感到动力十足。但这并不意味着他们一定要担任重要的领导角色，他们更倾向于成为组织中沟通、交流和决策的中心点。如果他们被排挤到圈子之外，他们就会因为被排斥而选择离开组织。

交叉协作的角色

因为渴望站在核心的位置，所以他们经常会注意到被忽视的不同部门之间的联系。他们能够找到适当的模式来实现协同合作，并且改进项目之间的交流方式。他们擅长在同一个组织中同时担任两个部门的关键人物，或者在一个项目中同时负责两个部分。

渴望拥有更多型：组织目标的推动者，专注于扩大自己的影响力

你的动机本质是通过努力获得自己想要的东西，然后感受你对心爱之物的拥有和控制。

对有些人来说，仅仅有影响力是不够的。他们想要获得自己的心爱之物，并且感受对它的拥有和控制。他们往往是收藏家或者收集爱好者。由于他们最看重的是自己的所有权，因此他们对自己的东西和别人的东西有明确的界限。他们认为，在自己的职责范围内拥有自主选择的权力非常重要。

丹尼尔是一位优秀的房地产经纪人，他深受客户喜爱。在整个城市东部地区的房产圈，他是绝大多数人的"首选"经纪人。他从一个小社区开始自己的事业，随着时间的推移，他做了一系列举动，例如，他与周边的邻居建立了很好的私交，还在当地的主要媒体上投放广告，并且拜托客户帮忙推荐等。正因如此，他成了方圆 20 英里内最知名、业绩最好的房产经纪人。然而，他并没有满足于现在的成功。他把目光投向了城市的西部地区，并已经开始在那里做广告，以扩大自己的影响力。他的目标是拿下整个城市的房地产业务，否则决不罢休。丹尼尔的动机就是拥有更多型动机。

业内大师

他们想要成为一个领域的主人，并且经常会担任雇主的角色。与行业内的其他人分享自己的所得，会让他们体会到极大的满足感。他们很乐意与他人分享，但不希望自己拥有的事物受到任何威胁。

渴望获得更多

许多富人都具有渴望拥有更多的动机。他们会不断收购新的公司，或者试图扩大自己商业帝国的影响力。他们的动力来自不断增长的控制权和所有权。

目标坚定

他们往往目标明确，意志坚定。他们清楚地知道自己想要什么，也不畏付出。他们的目标通常是具体且可衡量的，因为他们心中有明确的标准。例如，他们的目标可能是将整个运营部门转移到自己的管辖范围内，或者在某个特定的区域进行开发建设。他们不达目的誓不罢休。

忠诚

因为他们渴望获得更多的支持，所以通常会对同伴表现出很高的忠诚度。他们觉得自己有责任保护同伴，会悉心照顾周围的每一个人。他们非常注重细节，会努力确保周围的每个人都获得最大利益。

乐于参与

他们非常希望自己能对产品或项目的结果有所影响。对他们来说，仅仅成为团队的一部分是不够的，如果他们不能看到自己的直接作用，或者感觉不到自己与关键决策和最终结果之间的密切关系，就会对工作产生不满。

渴望拥有更多型动机的弊端

他们是实现组织目标的推动者。但是，因为他们始终专注于扩大自己的势力范围，所以也会带来一些弊端。

很强的占有欲和领地意识

他们在"我的"和"你的"之间划定了明确的界限。当他们感到有人侵犯领地时，就会坚决捍卫自己的地盘。例如，其他团队的管理者向他们团队中的某个人求助，这似乎是一件微不足道的事。但是对那些具有拥有更多型动机的人来说，这可能就是第三次世界大战的开端。对于和他们一起工作的人来说，一定要分清他们的职责范围，不要侵犯他们的领地。

看重物质财富

因为他们渴望获得更多，所以他们会用自己拥有的财产价值来衡量自己的所得。他们会用具体的指标来显示自己的成功。最简单明了的指标就是他们的银行存款以及汽车和房子的价值。

囤积癖

他们的购买欲会表现为对心仪物品的冲动消费。这并不一定意味着他们的家里堆满了成箱的旧报纸。相反，他们囤积的通常是有价值的东西，比如一大堆从未使用过的钢笔或笔记本，或是满满一柜子的鞋。

只关注自己的领域

他们对自己所属的领域之外的事情不太感兴趣。正因为如此，他们可能会错过外界更好的机会，或者忽略重要的组织决策。

与具有渴望拥有更多型动机的人一起工作

不要威胁他们的领地

你要与他们建立信任,这一点很重要。要让他们相信你不会侵犯他们的职责范围。如果你是团队或组织中的新人,他们可能会视你为潜在的威胁。在这种情况下,赢得他们的信任就尤为重要。

尊重对方的界限

在你们的合作中,要设定清晰明确的期望和界限。如果需要越过界限,那要及时与他们沟通。在实施计划之前,考虑一下自己的决定是否会冒犯他们的边界。明确你的职责是什么,而他们的职责又是什么。保持及时的沟通,明确他们的预期是否得到了满足。

让他们自己做决定

不要为他们规定应该怎么做,要给他们自由解决问题的空间,让他们能用自己的资源来战胜困难。他们需要为自己的所作所为承担后果,否则就变得懈怠,完全等着你指挥他们。

适当控制他们的掌控欲

他们可能无法意识到自己的强硬已经成为团队的阻碍。在他们眼中,他们所做的一切都是为了团队中每个人的利益最大化。因此,你需要提醒他们适当控制自己的掌控欲,要有边界感,不要越界。不然,他们的存在可能会导致团队中其他人才的流失。

适合的领域 / 工作

领导角色

因为他们想要获得更多的权力，并且承担更多的责任，所以他们很适合从事提升市场份额或者获得其他组织支持的工作。他们擅长在别人忽视的领域里扩大自己的势力范围。

区域负责人

区域负责人的工作会让他们很有动力，例如，区域的销售主管。或者，他们也可以负责其他能不断扩大影响力的领域。

能获得更多权力的工作

他们很容易被有更多晋升机会的工作所吸引。相比获得更高的薪酬和更大的工作灵活性，他们更看重如何增加自己的权力。他们渴望在组织中提高自己的地位，扩大自己的影响。

追求卓越型：通过挑战他人提升自身水平，致力于把组织推向新高

你渴望超越众人，全力以赴地成为人群中的佼佼者。

在电影《塔拉迪加之夜》（*Talladega Nights*）中，威尔·法瑞尔（Will Ferrell）饰演一个名叫瑞奇·鲍比（Ricky Bobby）的赛车手，他通过自己的努力取得了成功。在电影中，瑞奇的父亲在他小学时说过一句话："如果你不是第一名，那你就是最后一名。"瑞奇深受这句话的影响。父亲的话激励他不惜一切代价追求胜利，任何低于第一名

的成绩都是不可接受的。虽然将虚构的电影角色与现实世界进行比较可能会有些荒谬,但父亲的话——"如果你不是第一名,那你就是最后一名。"非常适用于那些有追求卓越型动机的人。在追求目标的过程中,他们必须做到最好。在他们的眼中,仅仅实现目标是不够的,如果他们觉得自己没有做到最好,也不会满意。

有竞争力

他们往往在竞争中充满活力。他们会努力在自己参与的每一件事中赢得胜利,甚至在没有竞争的活动中也想争胜负。与他们能力相当的人也会激励到他们,因为他们的驱动力就来自超越其他人。

超出预期

他们会努力超出原本的要求,尽力超出其他人的预期。他们想成为最棒的。他们最看重的就是自己在竞争中占据了主导地位。

雄心勃勃

他们会给自己制定很高的目标,并且全心全意地专注于目标。他们对普通人都能做到的事情不感兴趣。相反,他们会选择最困难的目标、最大的挑战或者最刺激的冒险。为了实现目标,他们会全力以赴,不达目的绝不放弃。

领军人物

他们的雄心壮志也会提高周围人的标准和期望。如果他们的首要动机是追求卓越,而次要动机是团队协作,那他们就会提升整个团队的表现,并且不允许任何表现不完美的人混入团队。他们不仅要求严格,还会积极主动做事。他们知道如何在没有其他人帮助的情况下判断自己的成功或失败。

追求卓越型动机的弊端

他们往往会通过挑战周围的人来提高自己的水平,从而把组织推向新的高度,但是这种动机也有一定的弊端。

引发不良竞争

他们需要在竞争中获得动力,为此甚至会引发不必要的竞争。他们可能会把简单的团队讨论变成激烈的辩论会,也可能故意对同事隐瞒信息,以此来增加自己在晋升中的优势。他们的这些行为都可能成为团队的不和谐因素。

对自己和他人都很苛刻

他们会对他人提出严格的要求,会无法原谅别人的失误。他们也会用严苛的标准要求自己,强迫自己必须在工作中做到最好。他们会因为一些微不足道的小错误而埋怨自己。

要么不做,要做只做最好

文斯·隆巴尔迪(Vince Lombardi)是一个追求卓越的人。他曾打趣道:"第二名对我来说毫无意义。"所以,对很多具有追求卓越型动机的人来说,只有确认自己是最好的,他们才会接受任务。如果他们觉得自己可能会失败,就会尽量推脱。

为了赢,不惜一切代价

追求卓越型动机会驱使他们做一些自己不愿意做的事情。在极端情况下，这可能会导致不道德行为的发生。此外，他们也可能会通过贬低别人来彰显自己的优势。在他们眼中，"不惜一切代价"是他们的人生箴言。

高估自己的能力

他们可能会把自己的雄心壮志看得太过简单。为了追求卓越，他们会高估自己的能力，同时低估自己不能胜任的可能。当情况不尽如人意时，他们会为自己的失败找借口——责怪他人、埋怨环境或者推卸责任，但绝不承认是自己的问题。因为，他们的人生中没有失败这个选项。

> **让一个追求卓越的人不堪重负的情况有三种：**
> - 他们不能接受除了第一名之外的任何名次，不拿到第一名，他们决不罢休；
> - 他们会把现在的工作和之前的成功经历相比较，为了重现过去的辉煌，会不断重头再来；
> - 他们也会主动提高绩效标准，即使大家都不希望他们这样做。

与具有追求卓越型动机的人一起工作

指出他们不切实际的期望

他们的目标很可能会超出合理范围，并且可能会影响到你和其他同事。虽然他们对卓越的追求有益于团队整体，但正如上面所说，这种动机也可能导致不切实际的目标和工作倦怠。因此，你需要让他们明确区分短期目标和长期目标。此外，要让他们意识到自己对卓越的追求会对其他人造成影响，帮助他们选定具有挑战性又切合实际的目标。

增加他们的获胜概率

有些项目虽然很难完成，但是结果很容易衡量。这种项目就很适合他们。因此，你需要在项目中设立明确的衡量标准，让他们能够辨别自己的成败，并以此为依据让他们定期监督自己的进展（例如，"大多数人一周只能完成一个提案，但我觉得你应该可以完成两个，你可以么？"你这么问，他们就会尝试完成三个提案。）。和他们交流时，不要表现得高高在上，他们很容易看出你的态度。另外，一定要给他们明确的目标。

帮助别人赢得胜利，也是一种成功

你需要让他们意识到，他们的竞争精神能够激发他人的潜能。这样，他们就会成为优秀的领导。他们带领的团队将会是最专注、最有能力、最投入的团队。此外，其他团队成员的成功会提升整个团队的水准。可以建议他们把整个团队的进步作为自己的核心目标之一。

达到他们认可的标准

如果你想赢得他们的尊重和关注，那么你必须让自己达到卓越的标准。如果他们察觉到你对自己没有很高的要求，他们就不太可能听取你的任何建议或意见。他们希望周围的人像他们一样把卓越作为一种生活态度。

不要被他们的竞争势头所困

如上所述，他们会试图将再普通不过的行为都变成一种竞争。不要被他们不断地比较所干扰。找到能够激发他们动机的机会,让他们带领整个团队走向卓越。

适合的领域 / 工作

激烈竞争的领域

他们渴望展示自己是成功的,任何能衡量成功的角色都会激发他们的驱动力。销售岗位就是一个很好的例子。销售工作往往有非常具体的绩效标准,并且需要设定不断增长的目标。

可以自由设定目标的工作

他们是有主见的人。如果你给他们一定的工作自主性,他们就会做得很好。他们不需要被监督。相反,如果他们感觉管理者多管闲事,他们可能就会选择离开。

不断上进的工作

他们会用竞争来衡量自己的成功。为了挑战更高的标准,他们会不断提升自己的能力。在追求卓越的路上,他们始终在超越自己。

写给具有灵魂人物型动机的人的忠告

动机密码中包含灵魂人物型动机的人拥有推动事物前进的意志力,这一点是非常令人赞叹的。在困难面前,他们总是冲在队伍的最前面,勇敢地带领大家追求挑战。总体上,他们的价值是不可估量的。

如果你具有其中某一种动机，这些建议能够帮助你更好地提升自己的工作效率和生活质量。

认识到你的动机是一份恩赐

不要因为自己的性格而感到愧疚，如果你必须要成为焦点才能保持投入，那这就是你的天性！记住，你想要成为焦点的动机既有积极的一面，也有消极的一面。要学会扬长避短，不要让动机的弊端掩盖了你优秀的品质。

用你的动机去帮助别人

用你的动机去鼓舞周围的人，激励他们把工作做到最好。要用你追求卓越的动机带动整个团队，也要宽容对待与你意见相左的人。

建立你的核心团队

你身边需要有这样的人，他们能讲真话，能坦诚地指出你的错误，使你认识到自己在哪些方面迷失了自我。你需要有两三个懂你的人，他们能看透你的生活。请放下防备，相信旁观者清。这些人应该是把你的利益放在心上的人，他们是你风霜与共的合作伙伴。希望你能早一点儿遇到这样的人，让他们透彻地了解你，在你做重大决定之前助你一臂之力。

认识到有些工作是必须要做的

并不是你做的每件事都能得到认可。不要因为事情很小，就没有动力去做。有些事虽然不起眼，但也非常重要。因此，要时刻提醒自己：不积跬步，无以至千里；不积小流，无以成江海。

第三部分

动机如何影响我们的工作与生活

第 9 章

遵从自己的动机，找到工作的满足感与幸福感

第 9 章　遵从自己的动机，找到工作的满足感与幸福感

在学习如何应用你的动机之前，让我们再来回顾一下动机密码的内容。表 9-1 是动机密码中包含的六大类 27 种动机：

表 9-1　　　　　动机密码中包含的六大类 27 种动机

梦想家	实现者	团队成员
1. 实现潜能	4. 追求挑战	8. 团结协作
2. 改变世界	5. 克服困难	9. 融入组织
3. 追逐梦想	6. 实现目标	10. 服务他人
	7. 一往无前	11. 制造影响
学者	优化者	灵魂人物
12. 领悟和交流	16. 组织协调	22. 引人注目
13. 精益求精	17. 捍卫标准	23. 掌控全局
14. 获取新知	18. 优化提升	24. 与众不同
15. 探索未知	19. 解决问题	25. 核心角色
	20. 推动发展	26. 渴望拥有更多
	21. 建立根基	27. 追求卓越

现在，你对自己的动机密码有了更深入的了解。接下来，你可以做的是：

- 激活你的动机密码，把自己独特的动机运用到当前的工作中；
- 为你争取与自身动机相契合的工作机会；
- 重新审视那些被你忽视的机会，思考它们是否符合你的动机。

当然，没有哪一种工作能够完美契合你的动机密码。

每一种工作都有你不喜欢的方面。动机密码的作用在于它会改变你的生活意义，让你明白：为什么你在参加团队会议时会感到疲惫不堪，为什么你无法融入长期合作的关系，为什么你会厌倦循规蹈矩的工

作。只有了解了激励你的动机是什么，你才能找到更适合自己的领域。

想要遵从自己的动机密码并不是一件自私的事情。相反，这是最不自私的表现，因为你会在工作中更加投入，创造更高的价值。真正的自私是你明明知道自己只是在工作中敷衍了事，却还一周又一周地领薪水。当今世界所面临的各种问题，从政治、经济到社会环境，都不能草率应对。现在的我们，比任何时候都需要全力以赴！

为什么你做某些事时更有动力

尽管你的核心动机是由排在前三位的动机所组成的，但这并不意味着你不会受其他动机的影响。例如，如果团结协作排在比较靠后的位置，这并不代表你不愿意与人合作。这只是说明，参与团队合作并不是你获得驱动力的主要来源。同样，虽然你在"核心角色"动机上得分很高，但这并不意味着如果你不站在组织的核心位置就无法正常工作。

动机密码解释了动力的来源，这就是你在做某些事情的时候更有动力的原因。当你在动机密码的驱动下工作时，你会发现自己找到了工作的意义，即使面对逆境和阻碍，你也会毫不畏惧，勇往直前。

不同的动机密码会在一个主导动机的带领下，组合在一起对你产生影响。例如，在我的动机密码中，我的首要动机是改变世界，次要动机是追求挑战，随后是制造影响和克服困难。在我的生活中，只要我的第二、第三、第四动机满足我的首要动机——改变世界，我就会兴致勃勃地追求挑战、制造影响和克服困难。但是，如果我面对的挑战对改变世界没有什么作用，那我的积极性就会大大降低。所以，我的驱动力是内在的（追求挑战、克服困难），但我所追求的结果却是外在的，那就是激励我的首要动机——改变世界。

当你了解自己的首要动机后，你就会看到它是如何影响你的工作和生活的。例如，我会主动帮助弱势群体克服困难，或者帮助小公司迎战行业巨头，抑或帮助在经济危机中受重创的公司尽快复苏。我喜欢看讲述逆袭故事的电影，看人们如何战胜困难，例如《追梦赤子心》(*Rudy*)、《角斗士》(*Gladiator*)和《当幸福来敲门》(*The Pursuit of Happyness*)。我们许多个人成就都来自和一群普通人一起改变世界。这是我的首要动机——改变世界，它与追求挑战型动机（因为我想做大事）和克服困难型动机（因为我喜欢战胜对我不利的情况）在一起发挥作用。如果你想激励我，就告诉我一个可以展现我的影响力的计划——一个足以改变我们周围世界的计划，这个计划一定要由普通人甚至弱势群体发起，有许多困难需要克服。那我一定会加入！

你如何才能做出与你动机一致的选择

看看你的动机密码报告。现在，用几分钟时间思考并回答以下问题：

- 在你的工作中，哪里可以体现出你的动机密码？列出在过去一年内你最喜欢做的工作，哪些与你的动机密码相关？
- 思考你不喜欢的工作任务，这些工作和你的动机密码一致吗？列出你感到最无聊、最不满意和最没有动力的事情，思考为什么你会有这种感觉。
- 在什么情况下你感到最有活力？在什么情况下你感到精疲力竭？这些情况和你的首要动机之间有什么关联？列出过去几周内你和他人之间的重要互动经历，你的动机对他们产生了什么影响？

- 想想你未来的工作。你准备如何激活自己的动机密码?你想如何为自己创造一个更投入、更努力的环境?

这是一个评估你的动机密码如何影响你的选择和行为的测试。你的动机密码可以像透镜一样,检查你的互动方式和决策结果。认真思考你的动机密码如何塑造了你的行为,你就更有可能做出和你的动机一致的选择,并且避免动机的弊端对你进行干扰。

真正激励你的事不一定是你喜欢做到,而是结果对你更重要

很少有人能只做自己喜欢做的事情。坦白说,我也不喜欢写作。作为一个在十年里写了五本书的作者——我持续进行了十余年的研究,并写下了几十万字。但是从动机的角度来看,我的主要动机是:改变世界;追求挑战;制造影响。

对于具有这些动机的人来说,你能想出一个比写书和演讲更适合他们的工作吗?通过从事非常有挑战性的写作工作,我就可以影响那些与我互动的人,并对我周围的世界产生影响。所以对我来说,写书的困难被我的动机密码克服了,我的工作变得令人兴奋,让我充满干劲。

这就是为什么"追随你的激情"这个建议有时会使你误入歧途。我们认为"追随你的激情"就是做自己喜欢做的事情。但这样理解"激情"是错误的。正如我在《努力就是为了不苟且地活着》(Die Empty)一书中写到的,"激情"一词来自拉丁语 patī,意思是"受苦"。因此,当我们谈论追随我们的激情时,我们真正应该追随的其实是我们愿意在必要时为之付出代价的结果(这听起来更像是"追随

你的痛苦")。

我认为这也是一种帮助你理解动机密码的有效方法。真正激励你的事并不等同于你喜欢做的事。这些事情之所以真正激励你,是因为结果对你非常重要,并且你愿意付出一切代价去实现它。如果你的首要动机是团结协作,那么你会甘愿忍受混乱的人际关系,因为和其他人一起工作会让你感到快乐;如果你的首要动机是获取新知,那么你会甘愿忍受离开舒适圈、进入未知领域的不适感;如果你的首要动机是克服困难,那么你会为了获得正义而不惜一切代价。

因此,不要从"我应该做什么工作"的角度思考,而是要思考"我的工作有什么价值"。这样,你就会找到你的驱动力和满足感的来源。这才是"追随你的激情"的真谛。

> **练习 制定一份动机声明(30分钟)**
>
> 现在,你了解了自己的动机密码,你可以写下一份动机声明,它能在你的日常工作中时刻提醒你自己的内在驱动力是什么。你的动机声明是一个简短的句子,它描述了你如何通过三个主要动机达到最佳状态。句式类似于:"当我 _____ 时,我会全力以赴地 _____。"
>
> 浏览前几章对你的主要动机的介绍,标出每种动机中最能引起你共鸣的描述(词或短语)。然后,构思并写下你的动机声明,把它放在一个看得见的地方,以此来提醒你自己的内在驱动力是什么。
>
> 例如,我的动机声明如下:"当我追求挑战(追求挑战型动机)并改变人们的感受或想法(改变世界型动机)时,我会全力以赴地在这个世界上留下自己的印记(制造影响型动机)。"

善用动机密码，学会向上管理

如果你开始审视自己的工作是否符合自己的动机密码，你就会找到最适合你的位置。对某些人来说，他们可能需要到一个完全不同的行业去谋求一份新工作，当然这在条件允许的情况下才能实现。但通常我们没有必要转行。如果你觉得自己每天的大部分工作都与你的动机密码相悖（比如你每天大部分时间都独自一人在小隔间里统计数据，但你的首要动机却是团结协作），那你可以先和你的主管聊一聊，探讨如何更好地在工作中激发你的动机。

在你和主管谈论自己的动机密码之前，你需要制订一个详细的计划。以下这些建议可以帮助你让这次的交流更有效果。

以教师的身份而不是员工的身份进行对话

你可以与你的主管分享你所学到的关于动机密码的知识，以及你的内驱力来自何处。谈谈你的动机声明是如何帮助你构建出最适合你的工作类型的，以及你的动机会如何驱动你全力以赴地实现目标。你可以这样说："我知道我喜欢探索新的知识，但我从来没有意识到它对我的工作满意度有多重要。我能跟您分享一下理解和领悟动机是如何激发我的内在驱动力的吗？"

举一个最近的例子，证明你的动机密码是如何驱动你的工作的

向你的主管讲述一个你已经完成的项目，或者与同事的一次互动，抑或一个激发你驱动力的时刻。分析不同的首要动机会带来哪些

有差异的后果。然后，开诚布公地表达你希望如何在工作的某些方面激活自己的动机密码。

举一个最近的例子，解释缺少动机密码的驱动会如何影响你的状态

分享一个对你来说很困难的工作经历，困难的原因在于它与你的动机密码相悖。例如，如果团结协作是你的首要动机，或者你有其他团队成员型的动机，那么在后台独自处理提案的工作就会让你感到非常痛苦。虽然你可能做得很好，但这并不是你想要的工作。因此，你会感到身心俱疲。

围绕动机密码如何塑造更适合你的工作角色提出建议

在交流中，你可以列举一些实际情况，说明你如何将动机密码融入每天的工作中。例如，你可以说："我清楚我的动机是改变世界，但是我目前的大部分工作都是在后台完成的。我是否有可能参与一两个长期项目，和其他人一起合作，并且能够直接看到自己的贡献？"

记住，在和主管讨论这些问题时，一定要从对组织最有利的角度出发，而不仅仅是站在自己的角度分析问题。你需要向主管证明，一个完全投入、充满活力的你将为你的主管、你的团队、你的客户和你的组织创造更多的价值。

管理者关注激励的五个原因：

- 它能降低员工的离职率，提高员工的工作满意度；
- 在动机密码的驱动下工作会提升员工的内在驱动力；
- 了解彼此的动机能够促进协作、减少不必要的冲突；

- 更好地协调任务和动机之间的关系,能够提升工作投入程度;
- 当人们感到自己被理解时,他们会在团队中获得更高的安全感。

点燃工作热情的"清洁燃料"和"脏燃料"

在我们的宇宙中,能量是守恒的。这意味着当你在燃烧一些东西时,你会将潜在的能量释放到外界,然后这些能量会再被充分利用。几千年来,人类从燃烧木材到燃烧化石燃料,实现了保暖、烹饪食物的功能,甚至借助这些燃料以每小时数百英里的速度乘坐火箭穿越太空。

然而,我们所使用的燃料并非都是清洁燃料。有些燃料很脏,燃烧后还会留下一系列废物。例如,当我们烧煤或木头时,它们会留下煤烟和灰烬;当我们燃烧化石燃料时,它们会向大气中释放有害气体,对地球上的生命造成恶劣影响。

同样地,我们也需要留心点燃我们工作热情的"燃料"。这些燃料常常很脏,会带来不好的后果。愤怒、控制欲、自我炫耀、贬低他人、目空一切等,这些都是所谓的"脏燃料",从根本上讲就是与人作对。这些动机的存在只为纠正一些我们过去犯下的个人错误,但它们并不关注我们可能创造的价值,它们会使我们心生怨恨。虽然这些动机能给我们带来驱动力甚至帮助我们实现目标,但是它们也会在我们内心留下痛苦的烙印。当痛苦扎根时,我们将不再投入,不再有创造力,也不再慷慨。我们会把周围的人都看作敌人,而不是战友。这种痛苦限制了我们的发展,让我们失去了战胜困难的可能性。

当我们处于敌对状态时,即使取得了成功,我们也很难真正感到满足。我们会不断地讲述自己是如何打败别人的。我们还要反复提醒自己最终的胜利还没有到来。在接手新项目时，你要先激发自己的愤怒。我们痴迷于打败那些错怪我们的人，而不是专注于让这个世界变得更好。

"把每一封拒绝信都存起来，拿来烧火！"

"把你的愤怒发泄到工作中去！"

"让他们看看他们在和谁斗！"

我经常听到这些善意的建议，尤其是针对有抱负的年轻艺术家和企业家。像大多数建议一样，它表面上看起来很有用，实际上对人们影响甚微。在我看来，这种"脏燃料"是欠妥当的。"努力证明别人是错的"这个想法在一段时间内会有激励效果。但如果我们真的做到了，那又能怎么样呢？当我们成为斗争的一方时，我们要靠什么来激发我们的工作动力呢？如果要用这种方式来激励自己，那我们总是需要一个"敌人"才能保持动力。

事实是，我们之所以选择为了"努力证明别人是错的"而奋斗，是因为我们害怕他们可能是对的。实际上，我们只是担心自己不够好，担心自己不配站在这个舞台上，或者担心自己不配留在这个团队里。当我们努力被曾经拒绝我们的人接纳时，实际上我们真正渴望的是接纳我们自己。

最终，任何成就都无法平息我们内心的声音：

"你不够好。"

"这对他们来说永远都不够好。"

"你不属于这里。"

这就是为什么我们需要选择"清洁燃料"来激励我们的工作。动机密码是我发现的最干净的燃料。因为它对我们来说是独一无二的，所以它是我们为世界做出个人贡献的最好方式，同时也让我们因为充满热情、全心投入和活在当下而体会到极大的满足感。在动机的内在驱动下，我们就能全力以赴地朝着梦想奋斗。

你的工作有什么意义？每当你坐下来工作的时候，你在创造什么样的变化？是什么结果如此激励你，让你愿意为它赴汤蹈火？这些问题的答案就是你最纯粹的动机。

只有全力以赴，才能获得最大的成就。我相信，在动机密码的驱动下，你就是如此。这个世界需要你充满热情地全身心投入，需要你做最真实的自己。当你怀揣希望和梦想向前迈进时，动机密码会驱动你为这个世界贡献自己的力量，而这个世界也不会辜负你的努力。

附录
动机密码背后的科学

托德·W.霍尔博士

乔舒亚·米勒博士

彼得·拉森博士

动机密码是一种针对核心动机的线上自我评估结果,它确定了个体最主要的三大内在驱动力。此外,动机密码还提供了 27 种动机的得分和排名。该评估采用叙述方法与定量方法相结合的方式,通过自我报告的形式进行评估,并提供定量结果报告。该研究是率先实现重大突破的商业评估活动之一。

动机密码中的 162 个题项是基于动机能力识别系统(SIMA®)理论和实践而研究的,该研究耗时长达 50 年。SIMA 系统是一种用于识别个人核心动机的半结构化访谈和编码系统,已被 SIMA 公司(SIMA International, Inc.)广泛用于高级管理者招募、员工甄选、敬业度培训和职业发展项目开发等方面。

动机密码的开发基于心理测量标准。本报告根据《教育与心理测试标准》(*The Standards for Educational and Psychological Testing*)[①]提供的信度和效度参考标准，简要讨论了动机密码在职业发展、员工敬业度、领导力和团队开发方面的主要应用。

动机能力识别系统（SIMA®）：动机密码的坚实基础

动机能力识别系统（SIMA®）是动机密码的重要理论基础，因为动机密码的27种核心动机是通过SIMA®系统识别的。这个由阿瑟·米勒（Arthur Miller）[②]开发的分析过程主要围绕客户最喜欢和最擅长的活动进行故事叙述。这些"成就故事"从采访和客户自述中提取，由SIMA®进行分析，进而从中识别出个体与生俱来的独特动机行为模式。

SIMA在1961年被首次使用时，还完全是一个个性化的评估流程——需要根据每个客户的成就故事有针对性地进行分析，进而提取他的动机模式。然而，在收集了数以万计的个人动机模式报告之后，SIMA的研究人员从20世纪80年代开始在动机模式报告中捕捉那些高频出现的动机。这种将动机进行分类归纳并划分维度的方式符合美国心理学家协会的测试标准，并具有可验证性。

[①] 由美国教育研究协会、美国心理学会和美国国家教育测量委员会联合撰写，1999年出版。——译者注

[②] 米勒和他的同事出版了许多有影响力的著作，介绍了SIMA®在帮助人们提高生产力和幸福感方面的重要意义。例如：阿瑟·米勒和威廉·亨德里克斯（William Hendricks）所著的《独特的力量》(*The Power of Uniqueness*)（宗德凡出版社，2002）；尼克·伊斯比斯特（Nick Isbister）博士和马丁·罗滨逊（Martin Robinson）博士所著的《你觉得自己是谁？了解你的动机并最大限度地发挥你的能力》(*Who Do You Think You Are?: Understanding Your Motives and Maximizing Your Abilities*)（哈珀·柯林斯出版社，1999）。

SIMA®（基于 27 种核心动机的心理测量模型）自推出以来，已在许多正式研究中得到验证[①]。其中最重要的一项研究是 20 世纪顶尖职业心理学家之一的约翰·克赖茨博士（Dr.John Crites，1928—2007）主持的领导力项目。该项目于 1989-1990 年组织实施，旨在评估 SIMA® 在筛选执行和管理岗位的潜在领导者方面的有效性。研究设计严格遵循 1985 年美国心理学家协会（APA）制定的心理测评标准——包括评分客观性、信度和效度。

克赖茨博士共进行了七项研究，以评估 SIMA® 对 APA 标准的符合程度。他得出的最终结论是：SIMA® 在理论上是合理的，在实践中是可靠的，可以用作人员甄选的心理测评工具。在评价和筛选领导者的测验中 SIMA® 全部符合 APA 的测评标准，并且针对个体的 MAP® 报告结果具有跨时间的稳定性。

动机密码的开发是基于 SIMA® 的研究基础。然而，这也是一种将 SIMA 的叙事维度及其核心动机类型与传统的心理测评相结合的新方法。

动机密码在当代心理学中的理论基础

越来越多的学者逐渐认识到叙事方法为理解人类和帮助人类理解自己提供了深刻的见解，这种方法在关注人类行为的学科中尤为盛行。叙事心理学已经成为心理学的一个重要分支。丹·麦克亚当斯（Dan McAdams）是这一新兴领域中最重要的思想家之一。他和他的一位同事最近写道：

[①] 我们可根据读者要求提供 SIMA 的理论与研究手册，包括与 SIMA 效度检验相关的著作、文章和学术论文等。

运用当代叙事方法，个体通过讲故事的形式进行的自我创造会更为明确……这和叙事身份有关……人格心理学致力于展示每个人的与众不同之处，这是最容易实现的。每个人生故事都是独一无二的。对人生故事的深入研究最能体现人类个性的丰富内涵。

动机密码（以及它的研究基础 SIMA）在当代心理测评中独树一帜，因为它取自个体独特的生活故事。这使得它既符合叙事心理学的目标，又有别于其他形式的心理测评。后者主要是基于一系列预先设定的选项进行测评，而不是根据个体自身的故事进行分析。

积极心理学的兴起也验证了动机密码的方法和目标。其创始人马丁·塞利格曼（Martin Seligman）和米哈伊·齐克森特米哈伊（Mihaly Csikszentmihalyi）将其定义为"关于人类的积极状态和繁荣感的科学研究，其中繁荣感包括生物学层面、个体层面、关系层面、制度层面、文化层面和全球层面。"塞利格曼还认为，积极心理学引导人们走向"美好的生活"，即"每天利用你独特的优势来创造真正的幸福和充分的满足感"。因为动机密码是通过研究人们的积极状态来揭示他们与生俱来的动机，以帮助他们在生活中获得真正的幸福，所以它的目标与积极心理学高度一致。

动机密码的开发

如前所述，在 20 世纪 80 年代，SIMA® 研究人员通过整理高频出现的动机归纳并划分了动机类型。这为 SIMA® 引入了标准的维度，这也是开发动机密码的第一步。研究者的终极目标是使用 SIMA® 来开发一个线上测评平台，进行有效的定量评估。我们在测评中延续了叙事的方法，将定量的结果呈现方式与叙事相结合。

动机密码：初始版本

动机密码的开发始于 2013 年。我们开发了四个开放式问题，用于从参与者那里获得四个不同的成就故事。开发人员与 SIMA 编写人员合作，确定 SIMA 分类法中最突出的动机类型。最终，我们确定了 27 种动机，并将其纳入动机密码。然后，开发人员将这些动机类型转化为文字描述。根据这些描述，个体对其成就故事与特定描述的匹配程度进行评分。

动机密码：当前版本

经过近两年对初期数据的分析，我们得出了现有的动机密码（关于信度和效度的讨论见下文）。每种动机类型对应六个题项，这提升了动机类型的内部一致性（信度）。三个成就故事各对应两个项目。每个题项都是由专业的 SIMA 编写人员撰写并审核的。

我们对李克特量表进行了修订，以获得更为可靠的结果。我们采用了李克特 5 点评分，并将"不适用"的选项作为缺失值处理（因此它不会影响动机的平均得分）。修订后的李克特量表的评分范围为：1——不满意；2——比较（稍微）令人满意；3——基本（中度）满意；4——满意；5——非常满意。

我们采用两个独立的数据样本对动机密码的信度和效度进行检验。第一个数据样本是由调查小组收集的国家层面的数据。第二个数据样本则来自 2015 年 2~6 月用户参与的动机密码评估结果。每项研究的结果如下所述。

信 度

量表得分的信度表示测量结果的稳定性，可以理解为对不受随机误差的影响的估计。信度有两种主要类型：内部一致性信度和重测信度。内部一致性是最常用的信度类型，我们将在下面对此项结果进行报告。

内部一致性通常使用克隆巴赫阿尔法值进行评估。克隆巴赫阿尔法值测量了一个量表上所有变量之间的正相关程度。它是对每个项目与其他项目之间的平均相关性的调整。阿尔法值也是所有可能的分半信度的平均值。通过在一个量表中随机选择一半的项目来检测分半信度，计算平均值以创建复合变量，然后创建剩余一半的复合变量，并将两个复合变量关联起来。随机分半信度的预期值为 α（阿尔法值）。农纳利（Nunnally）提出将 0.70 这一经验值作为"可接受"内部一致性的临界值，如下表所示。[1]根据定义，项目数量较少的量表，其阿尔法值也较小。

表 B-1　　　　　　　　项目数量与阿尔法值的相关性

克隆巴赫阿尔法值（α）	内部一致性
0.90~0.99	极好的
0.80~0.89	好的
0.70~0.79	可接受的
0.60~0.69	可疑的

---

[1] Nunnally, J. C. (1978).Psychometric theory (2nd ed). New York: McGraw-Hill.

续前表

克隆巴赫阿尔法值（α）	内部一致性
0.50~0.59	较差的
0.50 以下	不能接受的

综上所述，我们分析了两个数据样本。对于由 347 个个体组成的数据样本 1，其内部一致性很强。如表 B-2 所示，27 个动机量表的阿尔法值均高于临界值 0.70。其中，15 个动机量表的阿尔法值在 0.80~0.89。27 个动机量表的平均阿尔法值为 0.80，整体的内部一致性非常强。

表 B-2　　　　　动机密码数据样本 1：国家层面数据

阿尔法值范围	此范围内的量表数
0.70~0.79	12
0.80~0.89	15
27 个动机量表的平均阿尔法值	0.80

第二个数据样本包括 306 个个体，总体上也证实了以上结果。如表 B-3 所示，除其中一个量表外，其余所有量表的阿尔法值均高于 0.70。27 个动机量表的平均阿尔法值为 0.80，再次表明动机密码整体的内部一致性很强。

表 B-3　　　动机密码数据样本 2：动机密码数据样本验证研究

阿尔法值范围	此范围内的量表数
0.60~0.69	1
0.70~0.79	10
0.80~0.89	16
27 个动机量表的平均阿尔法值	0.80

效 度

效度表示测量工具能够准确测出所需测量的事物的程度。效度包含几种类型，我们在这里主要讨论内容效度和结构效度的两个方面——因子效度和收敛效度。当然，标准效度也很重要，它是预测测验能否有效的标准。我们尚没有关于标准效度的结果。目前我们正在进行标准效度的相关研究——通过采用日常经验数据收集方法，验证动机密码能否有效地预测个体的心理和绩效。

内容效度

内容效度表示工具对预测的内容或行为范围取样的适当程度。虽然没有明确的动机分类方法与动机密码做比较，但是 SIMA 的研究基础为动机密码的内容效度研究提供了有力的证据。研究者通过对数以万计的 SIMA 编码进行分析，最终获得了高频出现的动机并对此进行分类和归纳。这证明了 27 种动机密码类型能够有效地涵盖动机的范围。

结构效度

1. 因子效度

结构效度是一个宽泛的术语，指的是量表衡量其意图的各种指标。结构效度有几个方面。一般来说，结构效度的第一个方面被称为因子效度，即通过因子分析的统计方法进行评估。因子分析方法提供的指标可以表明量表上的题项的拟合情况和结构维度。

在验证了动机密码的总体效度后，我们采用上述两个独立的数据样本进行因子分析。在第一个数据样本中，我们对27种动机进行了探索性因子分析。结果是，27种动机形成一个单一因素，这表明这些因子有很好的拟合度。除一个因子外，其他所有因子载荷（每个题项产生的统计数据，表示基础结构预测的该题项方差的程度）均高于0.30（可接受的因子载荷量的一般临界值）。事实上，除三个题项外，其余所有因子载荷均高于0.40。所有27种动机的平均因子载荷为0.54~0.70。这些结果为动机密码的因子效度分析提供了有力支持。这意味着，27种动机共同衡量的是一个统一的结构，每个动机的题项都衡量了共同的内容。

2. 收敛效度

在测定同一特征时，当一种测量方法与其他测量方法的测量结果相似时，就会表现出收敛有效性。例如，研究发现主观幸福感的测量值与自尊的测量值正相关，即自尊水平高的人通常会有更积极的情绪。如果两个测量值负相关或没有显著的相关性，则表明至少有一个量表没有测量到它应该测量的内容。

在分析动机密码的收敛效度时，我们首先将其与简版大五人格问卷进行相关分析。大五人格是使用最广泛、学术界最认可的人格测量方法之一。它由五个主要维度组成：外向性、宜人性、责任心、神经质和开放性。我们预期五种人格特质在一定程度上与许多动机密码有重叠。

通过对135种相关性进行总体分析，结果均验证了动机密码的效度。大多数动机密码都与大五人格显著相关。

结　论

　　动机密码是核心动机的全新测评方式，它采用了叙事和定量相结合的先进方法。动机密码目前被广泛应用于高管培训和开发、职业发展训练、团队提升和员工参与等领域。迄今为止，它已被各大公司广泛采纳，其影响力正在迅速扩大。动机密码具有合理的信度（内部一致性）和效度。我们的研究团队将继续深入其效度和实践应用的研究。

　　动机密码还被用于促进个人发展，它适用于多种多样的角色，包括高管、学生、教师、经理和销售人员等。动机密码通过在线形式提供相关培训，目前正基于积极心理学、叙事心理学和动机密码培训教练的集体经验持续改进。

The Motivation Code: Discover the Hidden Forces That Drive Your Best Word by Todd Henry with Rod Penner, Todd W. Hall, Ph.D., and Joshua Miller, Ph.D.

ISBN: 978-0-59319-166-8

Copyright © 2020 by Pruvio, LLC

Penguin supports copyright.

Simplified Chinese Translation copyright © 2024 by China Renmin University Press Co., Ltd

All rights reserved including the right of reproduction in whole or in part in any form.

This edition published by arrangement with Portfolio, a member of Penguin Group (USA) LLC, a Penguin Random House Company, arranged through Andrew Nurnberg Associates International Ltd.

本书中文简体字版由安德鲁伯纳格联合国际有限公司代理，企鹅兰登书屋授权中国人民大学出版社在全球范围内（不包括香港特别行政区、澳门特别行政区和台湾地区）独家出版发行。未经出版者书面许可，不得以任何方式抄袭、复制或节录本书中的任何部分。

版权所有，侵权必究。

北京阅想时代文化发展有限责任公司为中国人民大学出版社有限公司下属的商业新知事业部，致力于经管类优秀出版物（外版书为主）的策划及出版，主要涉及经济管理、金融、投资理财、心理学、成功励志、生活等出版领域，下设"阅想·商业""阅想·财富""阅想·新知""阅想·心理""阅想·生活"以及"阅想·人文"等多条产品线，致力于为国内商业人士提供涵盖先进、前沿的管理理念和思想的专业类图书和趋势类图书，同时也为满足商业人士的内心诉求，打造一系列提倡心理和生活健康的心理学图书和生活管理类图书。

《好奇心：保持对未知世界永不停息的热情》

- 《纽约时报》《华尔街日报》《赫芬顿邮报》《科学美国人》等众多媒体联合推荐。
- 一部关于成就人类强大适应力的好奇心简史。
- 理清人类第四驱动力——好奇心的发展脉络，激发人类不断探索未知世界的热情。

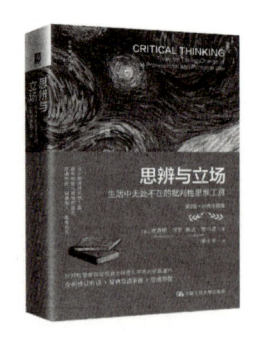

《思辨与立场：生活中无处不在的批判性思维工具（第2版·经典珍藏版）》

- 风靡全美的思维方法、国际公认的批判性思维权威大师的扛鼎之作。
- 带给你对人类思维最深刻的洞察和最佳思考。